Burgen & Schlösser

Zeugen der Vergangenheit

tosa

INHALT

LINKS
Marksburg, Deutschland

EINLEITUNG

Burgen sind befestigte Außenposten, die zum Schutz eines Gebietes bestimmt sind. Sie werden mindestens seit der Bronzezeit errichtet. Im Gegensatz zu befestigten Städten waren Burgen nicht in erster Linie dazu bestimmt, die Bevölkerung zu beherbergen, sondern wurden im Laufe der Geschichte von Militärangehörigen sowie den Familien der jeweils regierenden Adligen bewohnt. Die Gestaltung einer Burg variiert stark, je nach Verfügbarkeit von Baumaterialien und technologischem Fortschritt – so gibt es Konstruktionen aus Stampflehm, Holz, Stein, Ziegeln und Stahlbeton. Aber in ihrem ursprünglichen Zweck haben sie eines gemeinsam: Es war wirtschaftlicher, eine Festung zu bauen, die von wenigen Männern bewacht werden konnte, als einen großen Stamm an Soldaten zu unterhalten.

Burgen waren Prestigeobjekte, denn der Adlige, der eine besaß, konnte die umliegende Landschaft beherrschen. Sie wurden unweigerlich zu Statussymbolen, die von den Adligen als Familienhäuser gebaut wurden, auch wenn der Verteidigungsbedarf längst vorbei war. Burgen rufen ein imaginäres Zeitalter edler Krieger hervor, das viele Menschen noch heute glorifizieren.

Theodosianische Mauern, Istanbul, Türkei

Die Theodosianischen Mauern, die erstmals im 5. Jahrhundert n. Chr. errichtet wurden, hielten 1000 Jahre lang allen Angriffen stand.

GEGENÜBERLIEGENDE SEITE

Wüstenschloss Amra, Jordanien

Fresken schmücken die Wände der Festung der Umayyaden aus dem 8. Jahrhundert.

VON DER ANTIKE BIS 700 N. CHR.

Die Menschen errichteten schon sehr früh in der Geschichte Burgen, doch nur wenige dieser alten Befestigungen existieren noch in der Form, in der sie ursprünglich gebaut wurden. Der Grund ist einfach: Unsere Vorfahren hatten ein gutes Gespür für verteidigungsfähige Standorte, sodass meist derselbe Ort im Laufe der Geschichte immer wieder genutzt wurde. Spätere Generationen bauten zusätzliche Befestigungen und passten diese an die Bedürfnisse ihrer Zeit an, wie z.B. die venezianischen Türme, die der viel älteren Burg in Durrës, Albanien, hinzugefügt wurden. Archäologen haben die Frühgeschichte einiger dieser alten Befestigungen herausgearbeitet, wie z.B. die der Davidszitadelle in Jerusalem, welche in den zwei Jahrtausenden ihrer Existenz ein Dutzend Mal wieder aufgebaut wurde. Aber die beste Möglichkeit, eine antike Festung mit den Augen von Zeitgenossen zu sehen, ist der Besuch einer Stätte, die – nach einem kurzen Moment der Bedeutung – heute in Vergessenheit geraten ist. Diese Stätten, wie die eisenzeitlichen Festungen auf den Britischen Inseln oder die großen mykenischen Zitadellen aus der Zeit des Trojanischen Krieges, erfüllen uns noch immer mit Ehrfurcht vor dem technischen und militärischen Scharfsinn unserer Vorfahren.

GEGENÜBERLIEGENDE SEITE

Zitadelle von Rayen, Iran

Die Zitadelle von Rayen ist mindestens tausend Jahre alt und ihre Fundamente stammen vermutlich aus der Zeit vor den islamischen Eroberungen des 7. Jahrhunderts. Als Zitadelle eines bedeutenden Handelszentrums gab diese große Lehmburg (222 000 qm) der Region Stabilität und beherbergte mehrere tausend Familien.

OBEN UND RECHTS

Davidszitadelle, Jerusalem, Israel

Die Geschichte der Zitadelle, auch bekannt als die Zitadelle von Jerusalem, liegt mindestens 2000 Jahre zurück, als die Hasmonäer-Dynastie Jerusalem erweiterte und einen Turm in der Nähe des Jaffa-Tores errichtete. Der Turm, der im Laufe der Jahrhunderte immer wieder umgebaut wurde, verdankt seine heutige Form dem Wiederaufbau durch die Mamluken um 1310; die Osmanen bauten ihn im 16. Jahrhundert aus.

Arg-e Bam, Iran

Arg-e Bam ist das größte Lehmgebäude der Welt. Die Zitadelle erstreckt sich auf einem 18 Hektar großen Gelände, das von einer massiven 1,6 km langen Mauer umgeben ist. Die Achämeniden-Perser (5. Jh. v. Chr.) bauten die früheste Festung auf dem Gelände; ihre zentrale Lage an der Seidenstraße sicherte ihren Wohlstand für Jahrtausende. Arg-e Bam wurde durch ein Erdbeben im Jahr 2003 fast vollständig zerstört. Das Foto zeigt den Ort vor dem Erdbeben.

Festung Gongsanseong, Gongju, Südkorea

Die Festung Gongsanseong wurde um 475 n. Chr. erbaut, als das südwestkoreanische Königreich Baekje seine Hauptstadt nach Gongju verlegte. Gongsanseong, eines der vielen Hügelschlösser, die von der kriegszerstörten Vergangenheit Koreas zeugen, wurde 1993 restauriert und gehört heute zum UNESCO-Weltkulturerbe.

Samuels Festung, Ohrid, Mazedonien

Diese gewaltige Zitadelle, die über der Altstadt von Ohrid thront, war das Werk des bulgarischen Zaren Samuil Ende des 10. Jahrhunderts, obwohl Ausgrabungen darauf hindeuten, dass die erste Festung auf dem Gelände auf die Zeit Philipps II. von Mazedonien im 4. Jahrhundert v. Chr. zurückgeht. Mit bis zu 15,8 m hohen Mauern, die 2003 umfangreich restauriert wurden, ist die Festung ein beeindruckendes Denkmal für einen der stärksten Herrscher des Balkans.

Zitadelle von Berat, Albanien

Das steile Gefälle zum Fluss Osum im Norden hin sowie die wehrhafte Lage der Zitadelle erklären, warum hier seit etwa 2500 Jahren eine Festung steht. Die Zitadelle, 200 v. Chr. von den Römern zerstört, wurde im 6. und 13. Jahrhundert wieder aufgebaut und so erweitert, dass ein Großteil der Stadtbevölkerung darin Platz fand.

Burg Durrës, Albanien

Die Altstadt von Durrës wurde erstmals im späten 5. Jahrhundert vom oströmischen Kaiser Anastasius befestigt. Der größte Teil des heutigen Bauwerks wurde nach der Zerstörung der Burg durch ein Erdbeben 1273 errichtet.

Im April 1939 verteidigte eine kleine Gruppe von Albanern ihr Land in Durrës vor der italienischen Invasion, aber die Mauern konnten den Panzern der Angreifer nicht standhalten.

Von der Antike bis 700 n. Chr.

LINKS

Festung Skopje, Mazedonien

Die Burg Skopje, die allgemein als Kale bekannt ist (vom türkischen Wort für Festung), wurde erstmals im 6. Jahrhundert n. Chr. erbaut, wahrscheinlich auf Befehl des oströmischen Kaisers Justinian. Die Ingenieure verwendeten Stein aus einer römischen Stadt, die bei einem Erdbeben zerstört worden war. Die starke Position der Festung schützt das Tal von Skopje.

UNTEN

Al-Ukhaidir-Festung, Irak

In seiner jetzigen Form stammt Al-Ukhaidir aus dem Jahr 775 n. Chr., als ein Abbasiden-Prinz es als Alterswohnsitz errichtete. Seine Wurzeln gehen allerdings auf die sassanischen Perser (3. bis 7. Jahrhundert n. Chr.) zurück. Al-Ukhaidir liegt in der Wüste in der Nähe von Karbala und ist trotz seiner relativ geringen Größe ein gutes Beispiel für die Verteidigungsarchitektur der Abbasiden.

FRÜHMITTELALTERLICHE PERIODE: 700–1200 N. CHR.

In anderen Teilen der Welt, wie in China und dem Mittleren Osten, hatte man längst Festungen aus Stein gebaut, aber das mittelalterliche Europa folgte erst ab dem 10. Jahrhundert. Die Europäer ersetzten allmählich einfache Holzforts und Turmhügelburgen (künstliche Hügel mit einer Palisade auf dem Gipfel) durch haltbarere Konstruktionen aus Stein. Meistens entstanden Burgen – ob in Europa, Asien oder Nordafrika – zuerst als einfacher Bergfried oder Burghof, eine einzelne, stark gebaute Steinwohnung, die durch das Entfernen der Treppe, die zum Eingang führte, gesichert werden konnte. Nach und nach verbesserten die Besitzer

diese kleinen Festungen, indem sie Ringmauern mit Verteidigungstürmen bauten – was ihnen auch erlaubte, viel mehr Verteidiger unterzubringen. Die Eingänge zu diesen erweiterten Burgen wurden durch starke Torhäuser geschützt, oft mit einem schweren Fallgitter, das als zusätzliche Barriere abgesenkt werden konnte. Die stärksten Burgen befanden sich auf einer Insel oder waren umgeben von einem Graben – gefüllt mit Wasser oder angespitzten Pfählen – mit einer Zugbrücke, die bei feindlichen Angriffen hochgezogen werden konnte.

GEGENÜBERLIEGENDE SEITE

Schloss Tourbillon, Sitten, Schweiz

Das im späten 13. Jahrhundert vom mächtigen Bischof von Sion erbaute Schloss Tourbillon wurde lange Zeit als Symbol der bischöflichen Macht gehasst und angegriffen. Ein Großteil der Burg wurde Anfang des 15. Jahrhunderts von Rebellen verwüstet und später wieder aufgebaut. Im Jahr 1788 wurde sie erneut größtenteils zerstört und im 20. Jahrhundert abermals wiederhergestellt.

LINKS

Festung El Ribat, Monastir, Tunesien

Ribat, eine der besterhaltenen und ältesten Burgen Nordafrikas, wurde 796 n. Chr. vom regionalen Gouverneur der Abbasiden errichtet. Die am Mittelmeer gelegene Festung wurde jahrhundertelang immer wieder von Piraten angegriffen und diente auch als Basis für örtliche Kriegsherren.

OBEN UND RECHTS

Wüstenschloss Qasr Kharana, Jordanien

Anfang des 8. Jahrhunderts erbaut, ist Qasr Kharana das früheste Beispiel einer islamischen Festung im Nahen Osten. Das quadratische Gebäude besteht aus 60 Räumen auf zwei Stockwerken, die um einen zentralen Innenhof herum gebaut sind. Ihr Zweck ist mysteriös, da sie nie sehr verteidigungsfähig war, nicht an einer Handelsroute lag und nicht über die erforderliche Wasserquelle verfügte, die für die Funktion als Karawanserei (Wüstengasthaus) notwendig war.

Burg Hochosterwitz, St. Georgen, Österreich

Der Kalksteinfelsen, auf dem die Burg Hochosterwitz thront, ist seit der Bronzezeit (4. bis 1. Jahrhundert v. Chr.) bewohnt. Seit dem 12. Jahrhundert steht hier die beeindruckendste Burg Österreichs, die teilweise aus dem 16. Jahrhundert stammt. Das System von 14 Toren, die den steilen Pfad den Hügel hinauf schützen, zeigt deutlich, warum Angriffe auf die Burg nie erfolgreich waren.

Festung Blagaj, Bosnien und Herzegowina

Dieser steile Hügel über dem Fluss Buna ist seit Urzeiten mit einer Befestigungsanlage versehen. Die ersten Teile der heutigen Burg stammen aus dem 4. und 6. Jahrhundert v. Chr. Es gab im Mittelalter eine Erweiterung der gesamten Anlage und eine Verstärkung der Mauern im späten 14. und frühen 15. Jahrhundert, um einen besseren Schutz vor Feuerwaffen zu gewährleisten.

Schloss Beaufort, Befort, Luxemburg

Beaufort begann im 11. Jahrhundert als kleines quadratisches Steingebäude, geschützt durch einen Graben. In der ersten Hälfte des 12. Jahrhunderts wurde ein Bergfried hinzugefügt und in den 1340er-Jahren kamen weitere Gebäudeteile dazu. Im 16. Jahrhundert ließ der damalige Besitzer einen Renaissance-Flügel anbauen. Beaufort verfiel zur Zeit der Französischen Revolution (1789–1799) und eine Zeit lang wurde das Gelände sogar als Steinbruch genutzt. Glücklicherweise entschied sich der Schlossbesitzer 1893 für ein Renovierungsprogramm und öffnete das Schloss 1928 für die Öffentlichkeit.

GEGENÜBERLIEGENDE SEITE

Burg Kantara, Zypern

Kantara ist eine von drei Burgen, die die Byzantiner entlang der Kyrenia-Berge Nordzyperns errichteten, wahrscheinlich im späten 11. Jahrhundert. Im frühen 13. Jahrhundert hielt sie einer einjährigen Belagerung in den Christenkriegen um die Kontrolle über das Königreich Jerusalem stand; ansonsten diente sie hauptsächlich als Gefängnis und Wachturm zur Bekämpfung von Piraten.

OBEN

Schloss Rabati, Akhaltsikhe, Georgien

Im 9. Jahrhundert errichtet, stammt das Schloss Rabati in seiner heutigen Form aus dem 13. Jahrhundert, wurde aber von den Osmanen im 17. und 18. Jahrhundert grundlegend umgebaut. Trotz seines imposanten Baus wurde das Schloss in der Schlacht von Akhaltsikhe (1828) erfolgreich gestürmt, woraufhin die Region von der osmanischen Herrschaft in russische Hände überging.

RECHTS

Schloss Pembroke, Wales

Im Jahr 1093 bauten normannische Eindringlinge die erste Burg auf dem Vorgebirge von Pembroke, wo das Wasser auf drei Seiten eine natürliche Verteidigung bot. Als das Schloss 1189 in den Besitz von William Marshall überging, ersetzte er die Turmhügel-Festung durch den Steinfried und die Festungsmauern, die noch heute zu sehen sind.

Schloss Heidelberg, Deutschland

Die Geschichte des Heidelberger Schlosses geht auf das 13. Jahrhundert zurück. Ursprünglich als Residenz für die Pfalzgrafen errichtet, entwickelte sich die mittelalterliche Festung über fünf Jahrhunderte zu einem prunkvollen Renaissancebau. Nachdem die majestätische Sandsteinarchitektur während des Pfälzischen Erbfolgekriegs (1688–1697) zerstört worden war, nahm man Restaurierungsarbeiten vor. Doch ein Blitz setzte im Jahre 1764 die Anlage in Brand und zerstörte sie erneut.

Heute gilt das Heidelberger Schloss als die berühmteste Ruine Deutschlands und zieht jährlich Millionen von Besuchern, die neben dem Schloss auch das Deutsche Apothekenmuseum und das Große Fass, ein Weinfass mit 200 000 Litern Fassungsvermögen, bestaunen können.

Rudkhan-Festung, Iran

Rudkhan ist eine Backstein-
festung, die auf zwei Berggipfeln
liegt, welche mit Wällen und
42 Türmen verbunden sind. Die
sassanischen Perser befestigten
sie erstmals im 6. oder 7. Jahrhundert, aber die Festung
wurde in der Seldschukenzeit
(11.–12. Jahrhundert) von den
Nizariten, die die Region kon-
trollierten, wieder aufgebaut.

GEGENÜBERLIEGENDE SEITE

Zitadelle von Aleppo,
Syrien

Der Zitadellenhügel in Aleppo
ist mindestens seit dem 3. Jahrhundert v. Chr. befestigt und
stellt ein riesiges militärisches
und Verwaltungszentrum dar.
Um 1200 n. Chr., nach der
Niederlage Saladins gegen die
Kreuzritter, baute Saladins Sohn
die Burg aus, indem er vor allem
den Hang des Hügels glättete
und ihn mit Stein zu einem Glacis
auskleidete, der verhinderte,
dass sich Feinde den Mauern
näherten.

GEGENÜBERLIEGENDE SEITE

Burg von Leiria, Portugal

Als Alfonso Henriques, der erste König von Portugal, 1142 Leiria eroberte, baute er diese Burg, um die Region vor der maurischen Eroberung zu schützen. In den ersten Jahrzehnten hielt Leiria zwei muslimischen Belagerungen stand, verlor aber nach der Belagerung von Lissabon an Bedeutung. Im 14. Jahrhundert wurde Leiria als königliche Residenz umgebaut.

OBEN

Burg Loarre, Huesca, Spanien

Loarre, eine der ältesten Burgen Spaniens, wurde in Etappen zwischen ca. 1020 und dem frühen 12. Jahrhundert errichtet, um die frühen Schritte der christlichen Eroberung der Iberischen Halbinsel zu unterstützen. Es befindet sich auf einem Felsvorsprung und besteht aus einer Reihe von Gebäuden, die von Ringmauern umgeben sind.

Leeds Castle, Kent, England

Nachdem hier seit 1086 eine Festung stand, wurde Leeds Castle im Jahr 1119 aus Stein wieder aufgebaut. Seine Zerstörung im englischen Bürgerkrieg (1642–1651) konnte verhindert werden, weil der damalige Besitzer das Parlament unterstützte und parlamentarische Kräfte das Schloss während des Konflikts als Arsenal und Gefängnis nutzten.

Heute mag das Schloss zwar als Tudor-Hochburg aus dem 16. Jahrhundert erscheinen, doch der größte Teil des Gebäudes stammt aus dem frühen 18. Jahrhundert: Nach dem Verkauf großer Anwesen in Virginia haben die Besitzer Leeds umgebaut, um ihren frühromantischen Vorstellungen davon, wie ein Schloss aussehen sollte, gerecht zu werden.

Im späten 13. Jahrhundert war Leeds eine beliebte Residenz von König Edward I. und seiner Königin, Eleanor von der Provence. Es war wahrscheinlich Edward, der den Fluss verbreitert hatte und den See schuf, der seitdem Leeds Castle umgibt.

Burg Vianden, Luxemburg

Vianden ist eine der größten Burgen westlich des Rheins. Die Burg wurde an der Stelle eines römischen Kastells erbaut. Sie begann um 1100 als Bergfried mit Wohngebäuden, aber der Graf von Vianden erweiterte sie Anfang des 13. Jahrhunderts um einen neuen zweigeschossigen Palast, der die Machtansprüche der Familie in der Region deutlich machte.

Als die Burg 1820 verkauft wurde, war sie in gutem Zustand. Als der neue Besitzer mit dem Abriss begann, löste dies einen solchen Protest aus, dass der König das Gebäude zurückkaufte. Trotz ihres verfallenen Zustands verteidigten 1944 Mitglieder der Widerstandsbewegung die Burg erfolgreich gegen die Waffen-SS.

Windsor Castle, England

Der am längsten bewohnte Palast Europas geht auf eine im 11. Jahrhundert nach der normannischen Invasion errichtete Festung zurück. Sie wurde zur Verteidigung der neuen normannischen Herrschaft an der Themse flussaufwärts von London erbaut und im Laufe der Jahrhunderte mehrfach erweitert und renoviert.

Mit der Wiederherstellung der Monarchie im Jahre 1660 baute Charles II. einen Großteil des Schlosses mit heute noch erhaltenen barocken Staatswohnungen wieder auf. Der Rundturm (oben) basiert auf einem ursprünglichen Gebäude aus dem 12. Jahrhundert, wurde aber im 19. Jahrhundert umfangreich umgebaut.

Heute ist das Schloss die Residenz von Königin Elisabeth II. Die Königin veranstaltet dort Staatsbankette und private Feierlichkeiten. Teile von Windsor Castle sind für die Öffentlichkeit zugänglich.

OBEN UND RECHTS

Schloss Chillon, Veytaux, Schweiz

Auf einer kleinen Insel am Rande des Genfer Sees gelegen, bewacht Chillon die strategisch bedeutsame Straße von Burgund bis zum Großen St. Bernhard-Pass. Die erste schriftliche Erwähnung des Schlosses stammt aus dem Jahr 1005. Es verdankt sein heutiges Aussehen größtenteils dem Wiederaufbau im Jahr 1248 durch den Grafen von Savoyen. Da es solide gebaut war, wurde Chillon vom 14. bis zum 17. Jahrhundert häufig als Gefängnis genutzt. Ab 1880 und bis in das frühe 20. Jahrhundert hinein wurde Chillon in seinen mittelalterlichen Glanz zurückversetzt. Das Projekt setzte einen neuen Standard für die wissenschaftliche Restaurierung, indem versucht wurde, die authentische mittelalterliche Struktur wiederherzustellen, anstatt sich romantischen Fantasien hinzugeben.

GEGENÜBERLIEGENDE SEITE

Peyrepertuse, Frankreich

Die Burg liegt hoch oben in den französischen Pyrenäen und wurde im frühen 13. Jahrhundert zu einer Hochburg der christlichen Katharer-Sekte. Im Gegensatz zu anderen Katharer-Burgen in der Region wurde sie während des Albigenser-Kreuzzugs (1209–1229) nicht belagert, sondern den französischen Kreuzrittern übergeben. Nachdem die Burg an der französisch-spanischen Grenze ihre strategische Bedeutung verloren hatte, wurde sie 1659 aufgegeben.

Château d'Aigle, Schweiz

OBEN UND RECHTS

Der Großteil von Aigles aktuellem Bestand stammt aus der zweiten Hälfte des 13. Jahrhunderts, als auf dem Gelände ein befestigter Bergfried und eine Ringmauer errichtet wurden. Das in den Burgunderkriegen von 1474–1477 schwer beschädigte Schloss wurde 1488 wieder aufgebaut und zum Sitz des Provinzgouverneurs. Nach der Französischen Revolution verlor Schloss Aigle seine administrative Bedeutung; von 1804 bis 1976 diente es als lokales Gefängnis. Heute ist es für Touristen zugänglich und beherbergt, dank seiner Lage inmitten einer bedeutenden Weinbauregion, ein Weinmuseum.

GEGENÜBERLIEGENDE SEITE

Marksburg, Braubach, Deutschland

Die aus dem 12. Jahrhundert stammende Wehranlage ist die einzige Höhenburg am Mittelrhein, die bis heute unzerstört und vollständig erhalten geblieben ist. Mit Originalbauten aus dem 13. bis 15. Jahrhundert sowie typischen Innenräumen – Burgküche, Rittersaal, Rüstkammer und vieles mehr – gewährt das Schloss seinen Besuchern einen authentischen Blick in die Zeit des Mittelalters.

Burg Eltz, Wierschem, Deutschland

Das über der Mosel zwischen Koblenz und Trier gelegene Schloss befindet sich seit dem 12. Jahrhundert im Besitz der Familie Eltz. Der Sicherheit der Burg dienten der Elzbach, der sie von drei Seiten umgibt, und ihre Position auf einem Felsvorsprung. Eltz war noch beeindruckender als heute, bevor es in den 1330er-Jahren unter einer zweijährigen Belagerung litt: Nach der Kapitulation wurden die äußeren Verteidigungsanlagen abgerissen, was die Burg zu einer einfachen befestigten Residenz werden ließ. Verschiedene Zweige der Familie Eltz besaßen das Schloss gemeinsam und belegten mehr als hundert Wohnräume.

Schloss Vaduz, Liechtenstein

Hier entstand im 12. Jahrhundert zuerst ein Bergfried, dann wurden im Jahr 1287 zusätzlich Wohnquartiere errichtet. Nachdem die Burg im Schwäbischen Krieg von 1499 beschädigt worden war, wurde sie später wieder aufgebaut. Die Westseite wurde im 17. Jahrhundert erweitert. Sie ist heute die offizielle Residenz des Fürsten von Liechtenstein.

Burg Gutenberg, Balzers, Liechtenstein

Der Hügel in Balzers ist schon seit der Jungsteinzeit bewohnt. Unruhige Verhältnisse im Deutschen Reich zu Beginn des 12. Jahrhunderts veranlassten den damaligen Grafen, die dortige Kirche durch einen befestigten Bergfried zu ersetzen. Ein Großteil der Burg stammt noch aus dem 12. Jahrhundert. Kaiser Maximilian I. ließ sie Anfang des 16. Jahrhunderts renovieren.

LINKS

Burg Bled, Slowenien

Auf einer steilen Klippe, fast 300 m über dem Bleder See, liegt die Burg Bled. Sie war 800 Jahre lang die Hauptresidenz der Bischöfe von Brixen. Der Hauptturm stammt aus dem 12. Jahrhundert. Die um zwei Innenhöfe herum gebaute Burg enthält auch Elemente des Spätmittelalters und der frühen Neuzeit.

GEGENÜBERLIEGENDE SEITE

Zipser Burg, Žehra, Slowakei

Die im 12. Jahrhundert gegründete Burg ist eine der größten Mitteleuropas. Unmittelbar daneben bildete sich eine Siedlung, die mit einer umlaufenden Mauer in die Burg integriert wurde. Mit dem Bau weiterer Siedlungen wurden im 14. und 15. Jahrhundert auch ausgedehntere Mauern errichtet. Die seit Beginn des 18. Jahrhunderts unbewohnte Burg wurde nur teilweise restauriert.

LINKS UND GEGENÜBERLIEGENDE SEITE

Festung Assenow, Bulgarien

Im bulgarischen Rhodopen-Gebirge gelegen, bewacht die Festung von Assenow mindestens seit dem 11. Jahrhundert die Westgrenze des Staates. Nachdem die Truppen Barbarossas bei seinem Kreuzzug durch Bulgarien die Burg erobert hatten, stärkte Zar Ivan Assen II. die Verteidigungsanlagen, um das Gebiet vor weiteren Übergriffen zu schützen. Der besterhaltene Teil der Festung von Assenow ist die Kirche der Muttergottes, ein schönes Gebäude im byzantinischen Stil aus dem 12. und 13. Jahrhundert. Die Burg selbst verfiel nach der osmanischen Eroberung, aber die einheimischen Christen nutzten die Festungskapelle weiterhin als Pfarrkirche.

OBEN LINKS UND OBEN RECHTS

Malbork (Marienburg), Polen

Die Ritter des Deutschen Ordens begannen 1274 mit dem Bau von Malbork (damals Marienburg), nachdem sie einen großen preußischen Aufstand niedergeworfen hatten. Die Burg wurde 1309 zum Hauptsitz des Ordens. Um bis zu 3000 Ordensangehörige dort unterzubringen, waren häufige Erweiterungen notwendig, durch die schließlich drei miteinander verbundene Burgen entstanden. Das Schloss erreichte 1406 seinen endgültigen Zustand. Malbork ist flächenmäßig die größte Burg der Welt. Ihre starken Befestigungsanlagen erlaubten es dem Deutschen Orden, nach seiner großen Niederlage in der Schlacht von Grunwald (1410) zu überleben. Doch mit dem zweiten Vertrag von Torun 1466 war der Orden gezwungen, sein mächtiges Hauptquartier an Polen abzutreten.

Stokesay Castle, Shropshire, England

Stokesay ist eines der besterhaltenen Herrenhäuser Englands, vor allem dank der sorgfältigen Restaurierung im 19. Jahrhundert, die sein Aussehen nicht veränderte. Die „Burg" wurde Ende des 13. Jahrhunderts von einem großen Wollhändler erbaut, der den Stil der walisischen Burgen von Edward I. imitierte. Obwohl Stokesay als Burg bezeichnet wird, wurde es nicht gebaut, um einem schweren Angriff standzuhalten. Im Jahr 1645 belagerte eine parlamentarische Armee die Burg und zwang die Garnison bald zur Kapitulation. Die Burg wurde zwar geschliffen, aber nur so gering beschädigt, dass sie weiter bewohnbar blieb. Die wichtigsten Merkmale, darunter der Saal mit seiner Holzbalkendecke aus dem 13. Jahrhundert, sind intakt geblieben.

LINKS UND OBEN RECHTS

Hever Castle, Kent, England

Der Schein trügt: Draußen scheint Hever Castle eine mittelalterliche Festung zu sein, aber drinnen ist es ein schönes Zuhause. Als die Familie Boleyn 1462 Hever erwarb, fügte sie ein „modernes" Haus innerhalb der bestehenden Mauern hinzu, das zusammen mit dem Burghof auf das Jahr 1270 datiert. Anne Boleyn, die zweite Frau von Heinrich VIII., ist hier aufgewachsen. Nachdem es von 1462 bis 1539 als Haus der Familie Boleyn diente, gewährte Heinrich VIII. seiner vierten Frau, Anne von Kleve, die Burg als Ausgleich nach der Aufhebung ihrer Ehe. Von ihr ging es an eine Reihe von Besitzern über. 1903 kaufte der amerikanische Millionär William Waldorf Astor die Burg und restaurierte sie aufwendig; seine Familie nutzte sie bis 1983 als Wohnsitz.

LINKS

Schloss Tourbillon, Sitten, Schweiz

Das Schloss Tourbillon, auf dem linken der beiden Felsvorsprünge, an der Flanke der Alpen gelegen, thront majestätisch über der Stadt Sion. Es ist nur über eine lange, kurvenreiche Treppe zu erreichen. Auf dem anderen Hügel rechts befindet sich die Basilika de Valère, eine katholische Basilika aus dem 11. bis 13. Jahrhundert.

OBEN

Burg Loket, Tschechien

Die Geschichte der steinernen Festung, die als „die uneinnehmbare Burg Böhmens" bekannt ist, geht auf das 12. Jahrhundert zurück. Ottokar II. erweiterte die Burg im späten 13. Jahrhundert um die Ringmauer und eine Reihe von Türmen. Hussitische christliche Reformer versuchten im 15. Jahrhundert zweimal, die Burg einzunehmen, aber beide Belagerungen endeten mit einem Misserfolg.

GEGENÜBERLIEGENDE SEITE

Hambacher Schloss, Deutschland

Als ursprünglich mittelalterliche Burg wurde das Hambacher Schloss erst in der Neuzeit zu dem Anwesen ausgestaltet, das man heute kennt. Insbesondere als die Anlage 2002 in den Besitz der Stiftung Hambacher Schloss überging, wurden zunächst viele Modernisierungen, Um- sowie Neubaumaßnahmen vorgenommen. Aufgrund des sogenannten Hambacher Festes 1832, bei dem es um den Kampf für nationale Einheit, Freiheit und Volkssouveränität ging, wurde das Hambacher Schloss als Ort des Geschehens zu einem wichtigen Symbol für die deutsche Demokratiebewegung. Heute ist das Schloss nicht nur ein Touristenmagnet der Stadt Hambach, sondern auch Austragungsort von Kulturveranstaltungen, Messen und Märkten.

OBEN

Schloss Auerbach, Deutschland

Das Auerbacher Schloss auf dem Auerberg bei Bensheim war einmal die bedeutendste Burg an der Bergstraße. Sie wurde Anfang des 13. Jahrhunderts von den Grafen von Katzenelnbogen erbaut, um deren Besitztümer zu sichern. Jedoch wurde die Anlage im 17. Jahrhundert gestürmt und stark beschädigt. Dennoch ist sie heute eine gut erhaltene Ruine mit zwei hohen Türmen. Auf der Burgmauer gibt es eine sehenswerte Besonderheit: Dort wächst seit mehr als 300 Jahren eine inzwischen 7 m hohe Waldkiefer, die ihre Wurzeln fest in der Mauer verankert.

Burg Orava, Slowakei

Orava wurde 1267 nach der mongolischen Invasion in Ungarn befestigt. Damals bestand nur das Erdgeschoss aus Stein, die oberen Stockwerke waren aus Holz. Im 16. Jahrhundert wurde die Burg grundlegend umgebaut und mit der Renovierung kamen auch einige neugotische Teile hinzu. Die Legende erzählt, dass ein Adliger einen Pakt mit dem Teufel geschlossen hat: Wenn der Teufel die Burg Orava in einer einzigen Nacht errichtete, könne er die Seele des Adligen beanspruchen. Aber die Aufgabe erwies sich für Satan als zu schwierig; die Burg war im Morgengrauen noch nicht vollständig. Die Seele des Adligen war gerettet – und er hatte eine schöne neue Burg.

Große Teile des deutschen Horrorklassikers Nosferatu von 1922 wurden in Orava gedreht, wobei die Filmemacher die Burg als Heimat des Vampirs Graf Orlok wählten. Der Film fängt das Gefühl der strengen Isolation hoch in den Bergen ein, welches die Burg vermittelt, und er zeigt sie im Zustand vor den letzten Renovierungen.

Orava steht auf einem 112 m hohen Felsvorsprung über dem Fluss Orava. Die obere Burg, die Zitadelle, ist der älteste Teil des Komplexes; die unteren Gebäude wurden später hinzugefügt, als der Verteidigungsbedarf nicht mehr so enorm hoch war wie im 13. Jahrhundert.

Alcazar von Segovia, Spanien

„Alcazar" ist Arabisch und bedeutet Burg oder Palast. Die Segovia-Burg wurde allerdings von den christlichen Herrschern Kastiliens errichtet. Alfons VI. von Kastilien begann um 1200 mit dem Bau der Festung; Johannes II. (1406–1554) fügte ihr markantestes Merkmal hinzu, den „neuen Turm", und Philipp II. schmückte die Burg im 16. Jahrhundert mit weiteren hohen Türmen.

Burg Turaida, Lettland

Der katholische Schwertbrüderorden begann 1214 mit dem Bau von Turaida. Als sie sich mit dem Deutschen Orden zusammenschlossen, entwickelte dieser die Festungen bis ins 15. Jahrhundert weiter und baute sie mit dem markanten roten Ziegelstein der Ostsee. Die Ruine von Turaida wurde in den 1970er- bis 1990er-Jahren fast vollständig rekonstruiert.

OBEN

Burg Wyborg, Russland

Nach dem dritten schwedischen Kreuzzug gegen die heidnischen Karelier wurde die schwedische Kontrolle über Finnland verschärft. Der neue königliche Gouverneur ordnete im Jahr 1293 den Bau des Schlosses Wyborg auf einer kleinen Insel im Nordosten des Finnischen Meerbusens an. Ursprünglich befand sich hier eine kleine schwedische Stadt, die jedoch der Burg weichen musste.

GEGENÜBERLIEGENDE SEITE OBEN

Schloss Kalmar, Schweden

Im 12. Jahrhundert wurde ein Turm zum Schutz des neuen Hafens von Kalmar errichtet. Das Schloss wuchs im späten 13. Jahrhundert mit einer Ringmauer und Türmen. Im Inneren ist das Kalmarer Schloss reine Renaissance; es wurde im 16. Jahrhundert zu einem luxuriösen königlichen Palast umgebaut.

GEGENÜBERLIEGENDE SEITE UNTEN

Schloss Örebro, Schweden

Das Schloss liegt auf einer Insel im Fluss Svartan im Zentrum von Örebro. Der älteste Teil des Schlosses stammt aus der zweiten Hälfte des 13. Jahrhunderts. Örebro wurde im 14. Jahrhundert verstärkt und die schwedische Vasa-Dynastie ordnete im 16. Jahrhundert umfangreiche Umbauten an und schuf die Burg, die wir heute sehen.

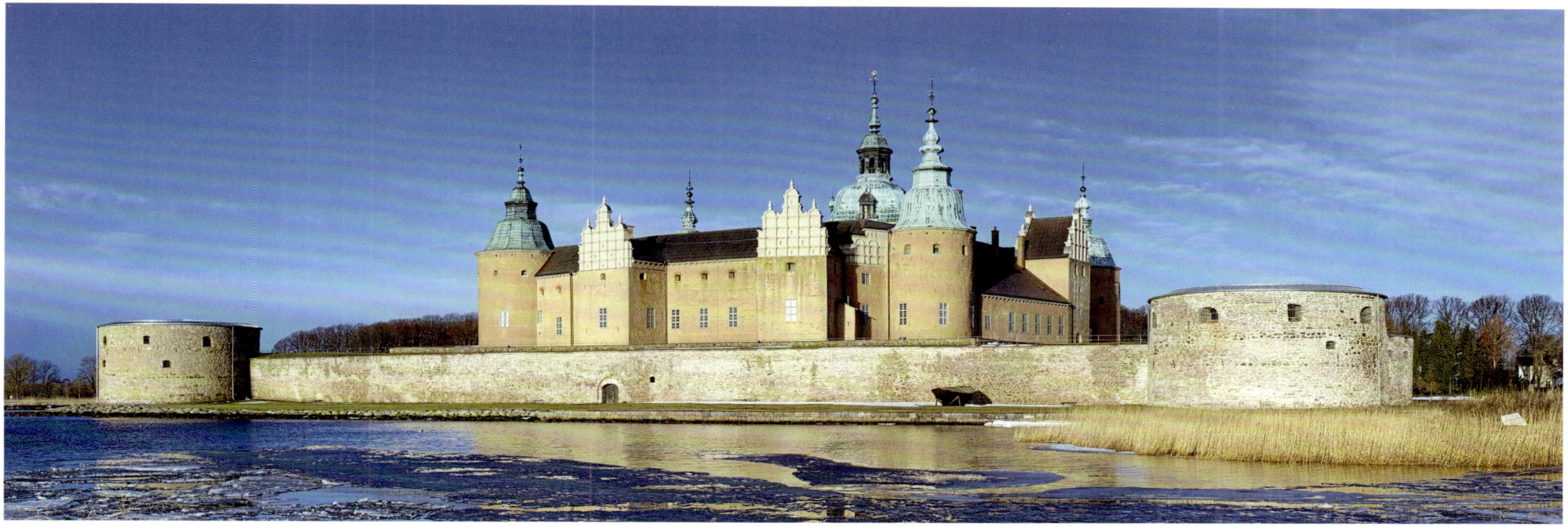

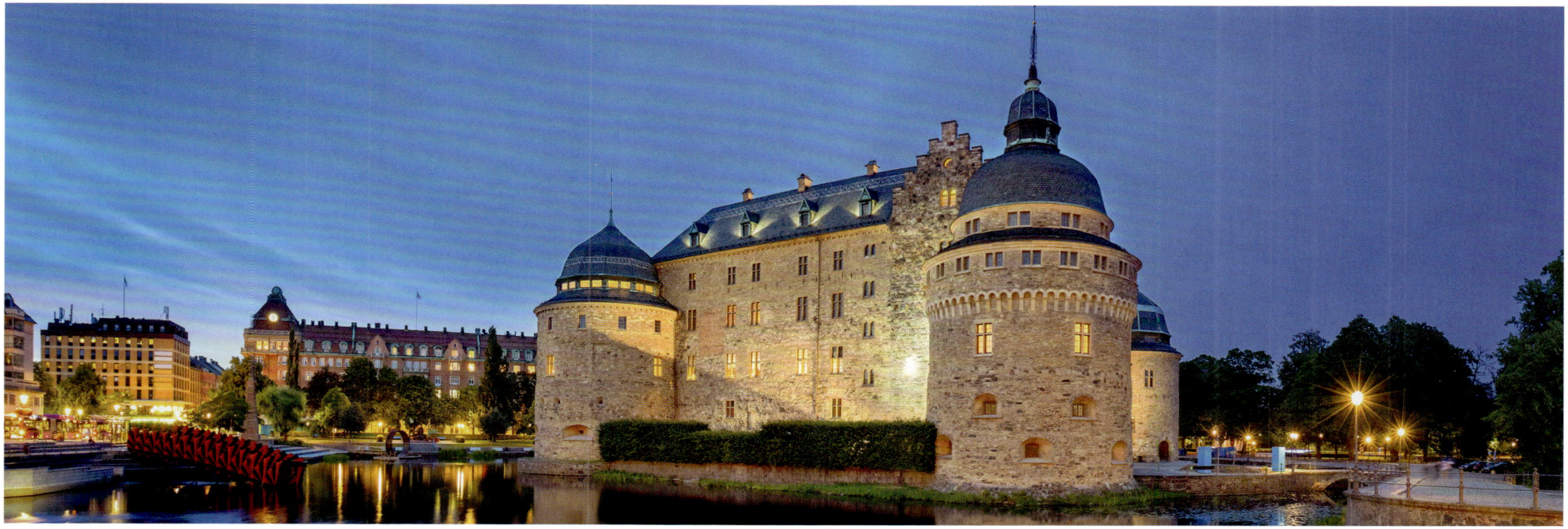

Castle Rushen, Isle of Man

Der Bergfried von Schloss Rushen wurde wahrscheinlich im späten 12. oder frühen 13. Jahrhundert errichtet, um den Eingang zum Fluss Silverburn zu bewachen. Die Ringmauer und die Türme wurden im 14. Jahrhundert hinzugefügt. Rushen ist eine der am besten erhaltenen mittelalterlichen Burgen auf den Britischen Inseln.

SPÄTMITTELALTERLICHE PERIODE: 1200–1500 N. CHR.

Die Militärarchitektur musste sich in der Zeit nach 1200 einer neuen Herausforderung stellen: Feuerwaffen. Schon die Mongolen setzten einfache Schießpulvergranaten gegen feindliche Mauern ein. Ein großer Durchbruch war die Erkenntnis, wie man die Kraft des explodierenden Schießpulvers nutzt, um ein Projektil zu schleudern. Frühe Kanonen waren unhandlich und für ihre Besitzer oft gefährlicher als für den Feind, aber sie hatten Potenzial, besonders nach der Entwicklung neuer Techniken erhöhte sich ihre Schlagkraft. Gerade Wände waren durch Kanonenkugeln gefährdet, ebenso rechteckige Türme, deren Ecken abgestoßen werden konnten.

Allmählich reagierte die militärische Burgen-Bauweise auf die Herausforderung und schuf geschwungene Wände, die dicker und niedriger waren, geschützt durch runde Türme, die verstärkt wurden, damit in ihnen Kanonen untergebracht werden konnten. Aber auch das nichtmilitärische Design rückte in den Vordergrund. In friedlicheren Regionen bauten Adlige Paläste, die einige burgenähnliche Elemente enthielten, aber im Falle eines Angriffs nicht verteidigungsfähig waren. Die Burg war zu einem Prestigesymbol geworden.

GEGENÜBERLIEGENDE SEITE

Castello Aragonese, Ischia, Italien

Die erstmals 474 v. Chr. befestigte Burg verteidigte jahrtausendelang den Golf von Neapel. Das heutige Castello Aragonese wurde im Jahr 1441 von Alfons V. von Aragon gebaut. 1809 wurde es durch die britische Bombardierung schwer beschädigt, aber im 20. Jahrhundert wieder aufgebaut.

Schloss Erbach, Deutschland

Die ältesten Teile des Schlosses gehen auf eine einstige Wasserburg aus dem 12. Jahrhundert zurück. Das heutige Schloss wurde ab 1736 auf den Grundmauern der alten Burg errichtet und die ursprünglich schlichte Fassade erhielt erst 1902 ihr neobarockes Aussehen.

Schloss Erbach ist der Wohnsitz der Familie zu Erbach-Erbach. Graf Franz I. von Erbach-Erbach ließ die Innenräume umgestalten, um seine Antikensammlung darin unterzubringen, die dort noch heute zu besichtigen ist. Außerdem beherbergt das Schloss in modern gestalteten Ausstellungsräumen das Deutsche Elfenbeinmuseum.

Ananuri, Georgien

Die ältesten Gebäudeteile von Ananuri stammen aus dem 13. Jahrhundert. Die Festung hat viele Schlachten erlebt, die erst im 18. Jahrhundert stattfanden. Der Komplex besteht heute aus zwei Burgen, die durch eine Ringmauer miteinander verbunden sind. Die obere Burg ist noch gut erhalten. Weitere Gebäude innerhalb der Mauern sind unter anderem zwei Kirchen aus dem 17. Jahrhundert.

Alcázar von Sevilla, Spanien

Der Alcázar von Sevilla, der im 14. Jahrhundert als befestigte Residenz von König Peter I., genannt „der Grausame", erbaut wurde, ist ein herausragendes Beispiel für die Mudéjar-Architektur der Iberischen Halbinsel: ein christlicher Stil, der viele Elemente der arabischen Kunst übernahm. Viele der Inschriften des Alcázar sind sogar auf Arabisch und der Palast wurde an der Stelle einer früheren muslimischen Festung errichtet.

Die wichtigste Voraussetzung für eine angegriffene Burg war eine sichere Wasserversorgung. Da es hier aber an einem Fluss oder einer guten Grundwasserquelle mangelte, bauten die Planer von Alcázar eine große Regenwasserzisterne, die zu Ehren der Mätresse von König Peter I. als „Bad der Dame Maria von Padilla" bezeichnet wurde. Der Alcázar ist die älteste noch genutzte königliche Residenz in Europa. Die spanische Königsfamilie reserviert die oberen Stockwerke des Palastes für die Nutzung als offizielle Residenz in Sevilla.

Alhambra, Granada, Spanien

Die opulente Alhambra war die Hauptresidenz der muslimischen Emire von Granada während der letzten anderthalb Jahrhunderte vor der christlichen Eroberung Granadas im Jahr 1492. Sie schufen einen großen Palastkomplex, den die neuen christlichen Monarchen Isabella und Ferdinand später im Renaissancestil renovierten.

Die Alhambra wurde Mitte des 13. Jahrhunderts auf Befehl des Emirs von Granada erbaut und auf den Resten einer Festung aus dem 9. Jahrhundert errichtet, die ihrerseits auf einem römischen Kastell basierte. Obwohl die Alhambra ihren Namen von dem roten Ton ihres Baus erhielt, waren die Wände ursprünglich weiß getüncht, sodass sie von Dichtern „die Perle" genannt wurde.

Carcassonne, Frankreich

Die Zitadelle innerhalb der Stadt Carcassonne hat die größte intakte Stadtmauer Europas. Sie ist durch eine doppelte Mauer geschützt; den inneren Rundgang bauten die Westgoten im 7. Jahrhundert, der äußere wurde nach 1226 errichtet, als Carcassonne an die französische Krone überging. Im 19. Jahrhundert waren die Mauern von Carcassonne so verfallen, dass die Regierung ihren Abriss anordnete. Nach einem öffentlichen Aufschrei wurde jedoch beschlossen, die Befestigungsanlagen wiederherzustellen; die Aufgabe wurde 1853 dem Architekten und Antiquar Eugène Viollet-le-Duc übertragen. Seine schöpferische Rekonstruktion wurde jedoch von einigen heftig kritisiert: Sie sei klimatisch ungeeignet und entspreche nicht der Architektur der Region.

Spätmittelalterliche Periode: 1200–1500 n. Chr.

LINKS

Eilean Donan Castle, Dornie, Schottland

Die Festung steht auf einer kleinen Gezeiteninsel im westlichen Hochland Schottlands. Sie wurde im 13. Jahrhundert errichtet und war eine Hochburg des Mackenzie-Clans, der den Jakobiten-Aufstand von 1719 unterstützte. Ein Marinebombardement ließ die Burg in Trümmern liegen. Sie wurde im 20. Jahrhundert restauriert.

RECHTS

Castle Stalker, Schottland

Castle Stalker ist ein vierstöckiger Bergfried auf einer Insel im Loch Laich in Westschottland. Die Burg wurde im frühen 14. Jahrhundert erbaut und erhielt ihre heutige Form um 1440. Castle Stalker wurde vor allem deshalb bekannt, weil hier die Schlussszene des Films *Die Ritter der Kokosnuss* (1975) gedreht wurde.

Schloss Moritzburg, Deutschland

Herzog Moritz von Sachsen ließ 1542 ein Jagd-schloss im Renaissance-Stil errichten, das zum Mittelpunkt der sächsischen Jagdgesellschaft wurde. Knapp 200 Jahre später begannen unter Kurfürst August dem Starken die Umbauarbeiten zum barocken Jagd- und Lustschloss, die Moritz-burg seine heutige Gestalt verliehen. Es wurden Teiche und Tiergehege angelegt. Später, um 1800, kamen dann das Fasanenschlösschen, der Hafen und der Leuchtturm hinzu. Das auf einer künstlichen Insel liegende Schloss ist heute ein Anziehungspunkt für Liebhaber des sächsi-schen Barock und des Meissner Porzellans.

RECHTS

Markovi Kuli, Mazedonien

„Markos Türme" ist eine Festung, die Anfang des 14. Jahrhunderts erbaut wurde. Sie diente als Palast für König Vukašin von Serbien und seinen Sohn Prinz Marko. Auf einem steilen Granithügel gelegen, ist der Befestigungswall von Markovi Kuli noch in gutem Zustand, obwohl ein Großteil der Burg in Ruinen liegt.

GEGENÜBERLIEGENDE SEITE

Festung Belogradchik, Bulgarien

Seit der Römerzeit steht an dieser Stelle eine Festung, die den großen Felsvorsprung zum Schutz nutzt. Im 14. Jahrhundert entwickelte der bulgarische Zar Ivan Stratsimir die Anlage. Nachdem die Osmanen die Burg 1396 erobert hatten, bauten sie sie weiter aus und nutzten sie als Basis gegen Rebellen.

Spätmittelalterliche Periode: 1200–1500 n. Chr.

GEGENÜBERLIEGENDE SEITE

Castell de Bellver, Palma, Spanien

James II. von Aragón und Mallorca errichtete im 14. Jahrhundert das Castell de Bellver auf der Mittelmeerinsel Mallorca. Es ist eine der wenigen runden Burgen Europas. Die Anlage ist gut erhalten und wurde vom 18. Jahrhundert bis zur Mitte des 20. Jahrhunderts als Gefängnis genutzt.

OBEN

Bodiam Castle, England

Sir Edward Dalyngrigge diente auf dem Kontinent in einer Söldnertruppe und erkämpfte dabei ein Vermögen. Nach seiner Rückkehr nach England erhielt er 1385 die königliche Lizenz zum Bau einer Burg. Seine Festung im Osten von Sussex sollte vor französischen Überfällen schützen, aber die altmodischen Mauern von Bodiam Castle dienen eher dem äußeren Schein als der Verteidigung.

Raby Castle, Darlington, England

Das Haus Neville baute Raby Castle in der Grafschaft Durham zwischen 1367 und 1390. Im 16. Jahrhundert geriet es unter königliche Herrschaft, und zwar nach dem Aufstand des Nordens, einem erfolglosen Versuch katholischer Adliger, die protestantische Elisabeth I. zu entlassen. 1626 kaufte das Haus Vane die Burg zusammen mit Barnard Castle und sie blieb der Hauptsitz der Barone Barnard.

RECHTS

Băc-Festung, Serbien

Bač wurde 1338 von König Karl Robert I. von Ungarn und Kroatien gegründet, zum Zweck der Verteidigung gegen osmanische Angriffe. Die Anlage wurde im 15. und 16. Jahrhundert weiter ausgebaut. Nach der Schlacht bei Mohács im Jahr 1526 fiel sie an die Osmanen.

Schloss Bran, Rumänien

Bran, bekannt als „Draculas Burg", wurde erstmals 1212 als Holzfestung errichtet, um die Bran-Schlucht zu bewachen. Mit dem Bau der steinernen Burg, die sich heute auf dem Gelände befindet, wurde 1377 begonnen. Sie diente bald der Verteidigung der Grenze Siebenbürgen/Walachei gegen den Angriff der Osmanen. Nachdem die osmanische Bedrohung zurückgegangen war, wurde Bran Castle zu einem Zollposten. Ungarn überließ die Burg 1920 im Vertrag von Trianon Rumänien und sie wurde zu einer rumänischen Königsresidenz. Königin Marie liebte Bran und die umliegende Landschaft besonders und ließ das Schloss umfassend renovieren. Ihre Tochter, Prinzessin Ileana, leitete während des Zweiten Weltkriegs ein Krankenhaus im Schloss.

Die kommunistische Regierung vertrieb 1948 die rumänische Königsfamilie und ergriff Besitz von Schloss Bran. Im Jahr 2006 begannen jedoch Gerichtsverfahren, um die Burg an ihre rechtmäßigen Erben zurückzugeben. Im Jahr 2009 ging das Eigentum offiziell auf den amerikanischen Erzherzog Dominik von Habsburg und seine Schwestern, die Kinder von Prinzessin Ileana, über.

Festung Khotyn, Chernivtsi Oblast, Ukraine

Khotyn steht am rechten Ufer des Flusses Dnister. Hier bewacht bereits seit dem 10. Jahrhundert eine Festung das umliegende Gebiet. Die erste Festung war ein einfacher künstlicher Hügel mit einer Palisade auf der Spitze. Die heutige Burg wurde 1325 begonnen, mit größeren Erweiterungen in den 1380er- und 1460er-Jahren.

Khotyn verdankt seine massive Mauer – 5 bis 6 m breit und bis zu 40 m hoch – Stefan dem Großen von Moldau (1433–1504). Der Aufwand lohnte sich, da Khotyn einer Belagerung durch den osmanischen Sultan Mehmed II. 1476 erfolgreich widerstand.

Schloss Koluvere, West-Estland

Der hohe, quadratische Turm, der auf einer künstlichen Insel im Fluss Liivi erbaut wurde, ist der älteste Teil der aus dem 13. Jahrhundert stammenden Burg Koluvere. Der runde Turm wurde im 16. Jahrhundert hinzugefügt; seine Form bot eine stabilere Schießplattform und eine bessere Verteidigung gegen Kanonen.

Burg Beersel, Belgien

Die Burg wurde zwischen 1300 und 1310 zum Schutz von Brüssel errichtet. Der breite Burggraben von Beersel gleicht die mangelnde Höhe aus. Die Burg litt im 14. und 15. Jahrhundert unter Belagerungen, aber die Schäden wurden immer wieder behoben. Fast ein Jahrhundert lang beherbergte die Burg eine Baumwollfabrik, bevor sie als touristische Sehenswürdigkeit restauriert wurde.

GEGENÜBERLIEGENDE SEITE

Festung Srebrenik, Bosnien

Die 1333 erstmals erwähnte Festung Srebrenik thront auf einem hohen, unzugänglichen Felsen. Die Ruinen stammen größtenteils aus dem 14. Jahrhundert, obwohl die Osmanen Veränderungen vorgenommen hatten, darunter eine Moschee. Die Anlage wurde wahrscheinlich im 16. Jahrhundert aufgegeben. Heute erreichen die Besucher die Festung über eine Fußgängerbrücke von einem benachbarten Hügel aus.

OBEN

Burg Karlštejn, Tschechien

Zwischen 1348 und 1365 ließ der heilige römische Kaiser Karl IV. diese Burg errichten, deren Schatzkammer jahrzehntelang die Reichsinsignien beherbergte. Während der hussitischen Belagerung von 1422 erlagen die Verteidiger einer Krankheit, nachdem die Angreifer Leichen und 2000 Wagenladungen Gülle über die Mauern katapultiert hatten.

Schloss Oberhofen, Schweiz

Nach der Besetzung einer Festung in den Hügeln oberhalb von Oberhofen zog die Familie von Eschenbach an das Ufer des Thunersees und begann dort um 1200 mit dem Bau der heutigen Burg. Das Torhaus zeugt noch heute von der ursprünglich starken Befestigung der Burg, zu der auch ein Graben auf der Landseite gehörte.

1306 zwangen die Habsburger die Familie von Eschenbach, Schloss Oberhofen an sie zu verkaufen. Doch nachdem die Eidgenossenschaft die Habsburger in der Schlacht bei Sempach (1386) entscheidend besiegt hatte, übernahm der Kanton Bern die Kontrolle über die Burg und verkaufte sie an eine der führenden Familien der Stadt.

Meeresburg Sidon, Libanon

Kreuzritter bauten 1228 auf einer Insel vor der Mittelmeerküste eine Meeresburg. Die Stätte hatte einst einen phönizischen Tempel des Gottes Melquart beherbergt. Die Burg wurde von den Mamluken teilweise zerstört, aber später wieder aufgebaut und durch den 50 m langen Damm mit dem Festland verbunden.

Die Meeresburg war noch 1840 eine funktionsfähige Festung. Im gleichen Jahr bombardierte die britische Marine die Festung, im Rahmen der britischen Intervention im Ägyptisch-Osmanischen Krieg (1839–1842). Die noch in den Damm eingeschlossenen Kanonenkugeln (rechts) zeugen von der Stärke der Konstruktion der Festung.

Qaitbay-Zitadelle, Ägypten

Der mamlukische Sultan al-Ashraf Qaitbay gründete diese Zitadelle 1477, um den Hafen von Alexandria vor der wachsenden Bedrohung durch die osmanische Flotte zu schützen. Sie steht genau an der Stelle des alten Leuchtturms von Alexandria, von dem noch im 15. Jahrhundert Teile existierten. Viele der Steine des Leuchtturms wurden für den Bau der Festung verwendet. Sultan al-Ashraf Qaitbay, ein Liebhaber feiner Architektur, brachte 100 000 Dinar auf, um die Zitadelle nicht nur stark, sondern auch schön zu machen. Die Osmanen hielten sie weiter instand, nachdem sie 1512 Ägypten erobert hatten. Die Zitadelle von Qaitbay wurde bei der Bombardierung Alexandrias 1882 durch die Briten schwer beschädigt, aber im 20. Jahrhundert wieder aufgebaut.

Großmeisterpalast, Rhodos, Griechenland

Der Palast des Großmeisters, auch bekannt als Kastello,
war die Zitadelle und das Verwaltungszentrum der Malteser-
ritter, nachdem sie 1309 die Insel Rhodos besetzt hatten.
Die Ritter bauten eine bestehende byzantinische Festung
aus und schufen ein seltenes Meisterwerk der gotischen
Architektur im östlichen Mittelmeerraum.

Residenzschloss Dresden, Deutschland

Das Renaissance-Schloss im Herzen Dresdens blickt auf eine lange Geschichte zurück: Im 14. Jahrhundert wurde es erstmals als Burg erwähnt, der Schlossbau entstand im 15. Jahrhundert. Nachdem er bei einem Brand im Jahr 1701 zerstört worden war, ließ August der Starke ihn wieder aufbauen. Im Zweiten Weltkrieg brannte das Schloss bei Bombenangriffen 1945 fast vollständig aus – nur das historische Grüne Gewölbe blieb erhalten.

Das erst seit einigen Jahren wieder aufgebaute Residenzschloss beherbergt heute die Staatlichen Kunstsammlungen Dresdens. Eine Besonderheit sind die in Kratzputztechnik (Sgraffito) gearbeiteten Fassaden des Schlosshofes.

Festung Gyangzê, Tibet

Die Festung wurde 1268 erbaut, Ende des 14. Jahrhunderts erweitert und bewachte den Zugang zur Stadt Lhasa. Die Burg litt im 20. Jahrhundert, als die britische Expedition nach Tibet (1903–1904) Gyangzê angriff und ein Zufallstreffer das Pulvermagazin der Burg traf. 1967 sprengten die Chinesen die Festung. Sie wurde erst nach und nach wieder aufgebaut.

Burg von Astypalaia, Griechenland

Die venezianische Patrizierfamilie Querini herrschte über die Insel Astypalaia von 1207 bis 1522. Im Jahre 1413 entwickelten sie die Burg in ihrer heutigen Form als Basis gegen häufige Piratenangriffe. Auffällig ist, dass die Burgmauern an mehreren Stellen an verstärkten Hauswänden anliegen und einen zweiten Schutzring bilden.

Burg Coca, Segovia, Spanien

Der Erzbischof von Sevilla begann 1448 mit dem Bau dieser gut erhaltenen Burg; die Arbeiten dauerten bis zum Ende des 15. Jahrhunderts. Coca wurde aus Ziegelstein gebaut, weil es in der Region an gutem Baustein mangelte. Die Burg erlitt nie einen schweren Angriff; ihre beeindruckenden Verteidigungsanlagen dürften eine entsprechende Außenwirkung gehabt haben.

Die Burg ist das beste Beispiel für den Mudéjar-Baustil auf der Iberischen Halbinsel. Der christliche Architekt baute viele Elemente der islamischen Kunst ein und verschmolz den Stil zu einem spätgotischen Gesamtkonzept. Ursprünglich als Residenz genutzt, beherbergt Burg Coca heute eine Schule.

Schloss Arenberg, Löwen, Belgien

Die mittelalterliche Burg, die früher an dieser Stelle stand, wurde abgerissen und 1455 wurde mit den Arbeiten am Schloss Arenberg begonnen. Es war von Anfang an als Palast und nicht als Festung gedacht. Das Schloss verfügt zwar über solide Türme, doch die großen Fenster hätten die Verteidigung gegen schwere Angriffe unmöglich gemacht.

Schloss Doorwerth, Niederlande

Nach der Zerstörung eines früheren Bergfrieds auf dem Gelände wurde Doorwerth im 14. Jahrhundert wieder aufgebaut und im 15. und 16. Jahrhundert erweitert. Das Schloss wurde im Zweiten Weltkrieg durch Granaten der Alliierten beschädigt, wurde aber inzwischen wieder restauriert und beherbergt heute drei Museen.

Castello Orsini-Odescalchi, Bracciano, Italien

Das Schloss liegt am Südufer des Bracciano-Sees und ist nur 29 km von Rom entfernt. Zuerst stand hier vermutlich ein Turm, der im 10. Jahrhundert gebaut wurde, um das Gebiet vor dem Angriff der Sarazenen zu schützen. Das heutige Bauwerk wurde von Napoleone Orsini ab 1470 begonnen.

Die Orsini-Besitzer von Schloss Odescalchi waren unerschütterliche Feinde des Borgia-Papstes Alexander VI. (1492–1503), der zweimal seine Söhne mit einer Armee zur Belagerung der Burg schickte. Odescalchi hat beiden Belagerungen erfolgreich standgehalten und ist bis heute ein prächtiges Beispiel für die Militärarchitektur der Renaissance.

Odescalchi diente nicht nur als Festung, sondern auch als Palast für die römische Adelsfamilie der Orsini. Diese zogen die führenden Künstler der Renaissance hinzu, die in den privaten Wohnungen prächtige Fresken schufen. Das Schloss ist noch sehr gut erhalten und beherbergt heute ein Museum für römische und päpstliche Geschichte.

Spätmittelalterliche Periode: 1200–1500 n. Chr.

Festung Kamianets-Podilskyi, Weißrussland

Die Burg Kamianets-Podilskyi, eine wichtige Verteidigung an der polnisch-litauischen Grenze, wurde wahrscheinlich erstmals Anfang des 13. Jahrhunderts errichtet. Sie wurde kurz nach 1400 und eineinhalb Jahrhunderte später modernisiert. Die Burg widerstand zahlreichen Angriffen von Kosaken, Osmanen und Mongolen.

Festung Golubac, Serbien

Die Burg liegt strategisch günstig am Südufer der Donau, im häufig umkämpften Grenzgebiet. Es ist nicht klar, wer Golubac gebaut hat, aber der Bau erfolgte wahrscheinlich im 14. Jahrhundert. Zu verschiedenen Zeiten haben Bulgaren, Ungarn, Türken, Serben und Österreicher Anspruch auf die Burg erhoben.

Oxburgh Hall, Norfolk, England

Sir Edmund Bedingfeld begann um 1482 mit dem Bau von Oxburgh Hall, das sich immer noch im Besitz seiner Nachkommen befindet, obwohl es heute vom National Trust verwaltet wird. Oxburgh ist ein Wasserschloss. Es sieht zwar imposant aus, hätte aber nicht gegen einen entschlossenen Angriff bestehen können.

Donegal Castle, Irland

Das Schloss in Donegal bestand ursprünglich aus einem rechteckigen Bergfried aus dem 15. Jahrhundert, der als Festung für den O'Donnell-Klan errichtet wurde. Als die Führer von O'Donnell 1611 aus Irland flohen, wurde Donegal Castle einem Engländer gewährt, der einen komfortablen jakobinischen Flügel hinzufügte. Das Schloss wurde in den 1990er-Jahren restauriert.

Wasserburg Trakai, Litauen

Großherzog Kestutis begann im 14. Jahrhundert mit dem Bau von Trakai auf einer Insel im Galvé-See, um ein bedeutendes Verwaltungszentrum zu schaffen. Bei einem Angriff des Deutschherrenordens 1377 wurde die Burg schwer beschädigt, aber während eines Waffenstillstands brachte der Großherzog den Steinmetz des Ordens mit, um die Festung wieder aufzubauen.

Die Festung auf der Insel Trakai, die manchmal auch „Kleine Marienburg" genannt wird, ist aus rotem Ziegelstein im Stil von Deutschordensfestungen wie Malbork/Marienburg in Polen gebaut. Eine hölzerne Fußgängerbrücke verbindet die Burg heute mit dem Festland, aber zu der Zeit, als sie litauisches Königszentrum war, konnte man die Festung nur mit dem Boot erreichen.

Festung Soroca, Moldawien

Die Festung wurde im Auftrag von Prinz Stefan dem Großen von Moldawien ab 1499 erbaut. Sie ist eine von mehreren Festungsanlagen, die entlang des Dnjepr gebaut wurden, um die moldawischukrainische Grenze zu schützen. Ende des 17. Jahrhunderts verteidigten die polnisch-litauischen Truppen von Jan Sobieski die Burg erfolgreich gegen einen osmanischen Angriff.

Historiker spekulieren, dass Prinz Stefan von Moldawien westliche Architekten beauftragte, um seine Burg zu entwerfen. Sie wurde im spätmittelalterlichen westlichen Stil gebaut, mit geschwungenen Mauern und runden Außentürmen, die besser in der Lage waren, Kanonenfeuer zu widerstehen als ältere Befestigungsstile. Die Festung war auch noch zur Zeit der Feldzüge von Peter dem Großen im frühen 18. Jahrhundert von militärischer Bedeutung.

Cittadella, Gozo, Malta

Die mittelalterliche Burg auf Gozo war bereits überaltert, als die Osmanen auf der Mittelmeerinsel 1551 eindrangen; sie nahmen sie bald ein und versklavten die 6000 Menschen, die dort Zuflucht gesucht hatten. Die Südmauern wurden wieder aufgebaut, um Angriffe mit Feuerwaffen in den Jahren 1599–1622 abzuwehren, aber die mittelalterlichen Nordmauern waren intakt geblieben.

Burg Forchtenstein, Österreich

Der älteste Gebäudeteil von Forchtenstein ist sein 50 m hoher Bergfried, der im frühen 15. Jahrhundert erbaut wurde. Zu Beginn des 17. Jahrhunderts ging die Burg an Graf Nicolas Esterházy über, der italienische Architekten hinzuzog, um die Anlage in eine prächtige Residenz umzubauen. Die Esterházys sind noch heute im Besitz der Burg Forchtenstein.

Lahore-Fort, Pakistan

Die Zitadelle auf der Nordseite von Lahore wurde zwar schon im 11. Jahrhundert befestigt, aber der mogulische Kaiser Akbar legte erst 1566 den Grundstein für das heutige Gebäude. Die 20 Hektar große Anlage wurde im 17. Jahrhundert von Akbars Nachfolgern, darunter Shah Jahan, der auch das Taj Mahal in Auftrag gab, fast vollständig wieder aufgebaut.

Caernarfon Castle, Wales

Die Burg war ein wichtiger Bestandteil des Plans von König Edward I. von England, die permanente Kontrolle über Wales mit einer Reihe von starken Burgen zu etablieren. Caernarfon wurde 1283 als Verwaltungszentrum für Nordwales gegründet. Der Innenausbau wurde vermutlich aufgrund der hohen Kosten nie fertiggestellt.

Die Burg war in strategisch idealer Lage, an der Küste von Nordwales, errichtet worden. Doch nach dem Abbau der englisch-walisischen Spannungen im 16. Jahrhundert wurde sie baufällig. Dennoch blieb Caernarfon stark genug, um drei weiteren Belagerungen in den 1640er-Jahren standzuhalten.

Herstmonceux Castle, England

Als der Schatzmeister Heinrichs VI. 1441 eine Residenz wollte, die seiner sozialen Bedeutung entsprach, baute er das Herrenhaus der Familie im großen Stil wieder auf. Herstmonceux Castle ist eines der ältesten Backsteingebäude Englands. Zwar verfügt es über einige dekorative Elemente einer Burg, wie Zinnen und Türme, aber es ist eher ein Palast als eine Festung.

Festung von Kruja, Albanien

Die Ursprünge der Festung von Kruja sind unbekannt, obwohl es seit dem 5. oder 6. Jahrhundert an dieser Stelle eine Festung gibt; die heutigen Gebäude stammen aus dem Mittelalter. Kruja ist ein berühmtes Zentrum der albanischen Widerstandsbewegung. Als der albanische Patriot Skander-beg gegen die osmanische Herrschaft rebellierte, hielt er 1450, 1466 und 1467 den massiven Belagerungen von Kruja stand.

Burg Zilkale, Türkei

Die Burg wurde wahrscheinlich vom byzantinischen Herrscher von Trebizond im 13. Jahrhundert erbaut. Von ihrer Position am Rande einer Klippe aus blickt die Burg auf eine wichtige Handelsroute, die zum Schwarzen Meer führt. Als die Osmanen im 16. Jahrhundert die Region einnahmen, nutzten sie die Burg weiter.

Kilchurn Castle, Schottland

Der größte Teil der Burg in den zentralen Highlands, die heute eine malerische Ruine ist, wurde Mitte des 15. Jahrhunderts von dem Campbell-Clan errichtet. Als die Campbells von Glenorchy zu Grafen von Breadalbane wurden, verließen sie Kilchurn. Das älteste Element der Burg war ein fünfstöckiger Bergfried, der um 1450 erbaut wurde. Eine Mauer, die um die ganze kleine Insel herumlief, schuf einen geschützten Innenhof für andere Gebäude. Damals war die Burg nur über einen Damm bei Ebbe zu erreichen.

Festungen von Kotor, Montenegro

Obwohl es hier seit der byzantinischen Zeit
Festungen gibt, wurden die umfangreichen
Festungen in der Nähe der Stadt Kotor im
14. Jahrhundert von den Venezianern begonnen. Die Befestigungen haben eine bewegte
Geschichte. Die Osmanen belagerten die Stadt
erfolgreich und besetzten das Gebiet von 1538
bis 1571. Im Jahr 1797 gingen die Befestigungen an die Herrschaft der Habsburgermonarchie
über. 1979 wurden die Mauern durch ein Erdbeben beschädigt, aber heute steht die Stadt
auf der Liste des UNESCO-Weltkulturerbes.

FRÜHNEUZEITLICHE PERIODE: 1500–1750 N. CHR.

In vielen Teilen der Welt bestand in der Frühen Neuzeit noch immer ein aktiver Bedarf an Befestigungen – vor allem mit dem Aufkommen von Feuerwaffen. Dennoch ließen immer mehr Aristokraten Burgen bauen, die eher der Zur-Schau-Stellung dienten als der Verteidigung. Die Burgen dieser Zeit geben einen Hinweis darauf, welche Bedingungen in verschiedenen Regionen der Welt herrschten. Das Mittelmeer, Nordafrika, der Nahe Osten, Osteuropa und Lateinamerika hatten alle noch Angriffe von Feinden zu erwarten, wie die Stärke und Gestaltung der Burgen in diesen Regionen bezeugen. Im Gegensatz dazu hatten die Britischen Inseln wenig vor organisierten Armeen zu befürchten und die Herrenhäuser von England, Schottland, Wales und Irland wurden eher nach den Kriterien Komfort und Status als nach Schutz und Kriegsführung gebaut. Viele der noch erhaltenen Elemente der traditionellen Schlossarchitektur – wie Türme, Ringmauern, Zinnen und sogar Gräben – wurden als Symbole für Autorität und Prestige verwendet. Dasselbe gilt für viele Burgen in Japan und China aus dieser Zeit.

GEGENÜBERLIEGENDE SEITE

Rotes Fort, Delhi, Indien

Der Mogulkaiser Shah Jahan begann 1638 mit dem Bau des Roten Forts, nachdem er beschlossen hatte, seine Hauptstadt von Agra nach Delhi zu verlegen. Der aus regionalem rotem Sandstein erbaute Palastkomplex wird von einer 2,4 km langen Mauer umgeben und erstreckt sich über eine Fläche von mehr als 100 Hektar.

OBEN UND RECHTS

Mehrangarh Fort, Jodhpur, Indien

Mehrangarh steht auf einem 125 m hohen Hügel mit Blick auf die Stadt Jodhpur. Rao Jodha gründete um 1460 sowohl die Stadt als auch die Burg, um mehr Sicherheit in den häufigen Kriegen der Region zu erhalten. Der größte Teil der Festung stammt jedoch aus der Mitte des 17. Jahrhunderts, wie die aufwändigen Paläste belegen.

Die Legende erzählt, dass Rao Jodha einen heiligen Mann, der auf dem Hügel lebte, vertreiben musste, um Mehrangarh bauen zu können. Nach vielen vergeblichen Versuchen gelang es Rao Jodha erst, als er eine mächtige heilige Frau um Unterstützung bat. Der heilige Mann war so verärgert darüber, dass er einen Fluch ausstieß: Die Festung sollte bis in alle Ewigkeit unter Wassermangel leiden.

GEGENÜBERLIEGENDE SEITE

Burg Marmaris, Türkei

Herodot sagte, dass die erste Festung in Marmaris 3000 v. Chr. erbaut wurde. Die Burg, wie wir sie heute sehen, ist jedoch das Werk des osmanischen Sultans Suleiman der Prächtige, der 1522 die Burg Marmaris errichten ließ, um seinen Angriff auf die Insel Rhodos zu unterstützen.

Burg Osaka, Japan

1583 wurde in Osaka mit dem Bau einer Burg begonnen, doch schon bald wurde sie während der Kriege zur Vereinigung Japans niedergebrannt. Der Tokugawa-Klan ergriff das Shogunat und begann 1620 mit dem Bau einer neuen Burg, wodurch ein Gebäude entstand, das sowohl sehr verteidigungsfähig war, als auch ein Denkmal für das Ansehen der Familie als neue japanische Führer.

Burg Matsumoto, Japan

Von der Burg Matsumoto bei Tokio ist heute nur noch der Bergfried erhalten, der im späten 16. Jahrhundert erbaut wurde. Er hat noch immer seinen ursprünglichen Stein- und Holzbau und gilt als Nationalschatz. Die Burg Matsumoto hatte ursprünglich auch miteinander verbundene Mauern, Gräben und Torhäuser.

Schloss Mespelbrunn, Deutschland

Das Wasserschloss aus dem 15. Jahrhundert befindet sich im Spessart. 1412 ging das damals noch unbefestigte Weiherhaus als Schenkung des Mainzer Erzbischofs an den kurfürstlichen Forstmeister Hamann Echter. 1427 begann sein Sohn, das Haus mit Mauern, Türmen und einem Wassergraben zu versehen. Über Generationen verwandelte die Familie Echter von Mespelbrunn das Gemäuer nach und nach in ein Renaissanceschloss. Da es keine Zerstörung durch Kriege erlitten hat, ist das Schloss nahezu in seinem ursprünglichen Zustand erhalten. Heute zählt es bis zu 100 000 Besucher pro Jahr. Die Anlage wurde unter anderem auch als Drehort für den Film „Das Wirtshaus im Spessart" berühmt.

Schloss Egeskov, Fünen, Dänemark

Der Bau des besterhaltenen Renaissance-Wasserschlosses Europas begann 1554. Die damals herrschenden Unruhen machten eine Verteidigung wünschenswert, sodass Egeskov auf Eichenpfählen gebaut wurde, die in der Mitte eines kleinen Sees versenkt waren. Die enorme Anzahl der benötigten Bäume gab der Burg ihren Namen: Egeskov bedeutet so viel wie „Eichenwald".

Schloss Chambord, Frankreich

Das größte der Loire-Schlösser, Chambord, wurde zwischen 1519 und 1547 als Jagdschloss für König Franz I. erbaut. Obwohl das Schloss über einen zentralen Burgfried, vier große Türme und sogar teilweise über einen Wassergraben verfügt, waren diese Elemente bei ihrer Errichtung bereits anachronistisch und dienten wahrscheinlich der Dekoration und nicht der Verteidigung.

Rotes Fort, Delhi, Indien

Das Rote Fort war von seiner Fertigstellung 1648 bis 1857 die Hauptresidenz der indischen Mogulkaiser. Obwohl die Festung starke Verteidigungsanlagen hatte, verteidigte der letzte Mogul-Herrscher, Bahadur Shah II., seinen Palast nicht, als 1857 die Briten angriffen und die indische Meuterei unterdrückten. Damals plünderten britische Truppen systematisch das Rote Fort und zerstörten einen Großteil der Marmorarbeiten. Es blieb jedoch noch einiges erhalten von dem einzigartigen Dekorationsstil, den Shah Jahan bevorzugte: eine angenehme Mischung aus persischen, europäischen und indischen Kunstelementen.

Das Rote Fort ist heute ein Symbol des indischen Nationalismus und Stolzes, eine Erinnerung an die Größe des Mogulreichs und an das Exil von Großbritanniens letztem Kaiser 1857. Jedes Jahr am Unabhängigkeitstag hisst der indische Premierminister die Nationalflagge und hält eine Rede.

Nakhal Fort, Oman

Das Nakhal Fort wurde vermutlich im 6. Jahrhundert als Verteidigung der Sassaniden gegen arabische Angreifer errichtet. Es wurde im 17. Jahrhundert wegen der andauernden Notwendigkeit, die Oase und die Handelsroute am Fuße des Mount Nakhal zu schützen, umgebaut. Dank einer Renovierung im Jahr 1990 ist das Fort in seiner ursprünglichen Form erhalten.

Fast während des gesamten 19. Jahrhunderts war Nakhal eine funktionierende Festung. Das heutige Tor und die Außenmauern wurden 1834 von Imam Said bin Sultan ergänzt. Die untere Festung enthält eine Moschee und eine Einrichtung zur Aufbewahrung der Datteln, die von den umliegenden Palmen geerntet wurden.

Da die Burg auf einem natürlichen Felsvorsprung errichtet wurde, hat sie einen unregelmäßigen Grundriss. An manchen Stellen innerhalb der Festung ragt sogar der Felsen in den Wohn- und Arbeitsbereich hinein. Als eine von mehreren Festungen in Oman spiegelt das Nakhal Fort einen einzigartigen omanischen Baustil wider.

Festung Kyrenia, Girne, Zypern

Die Mittelmeerinsel Zypern ist seit Jahrhunderten umkämpft und die venezianische Eroberung hinterließ 1489 Kyrenia als Ruine. Die venezianischen Machthaber rekonstruierten und erweiterten die Burg 1540: Sie gaben ihr dickere Mauern, Kanonenscharten und lange Rampen, um die Kanonen innerhalb der Festung zu bewegen.

Fasil Ghebbi, Äthiopien

Kaiser Fasilides (1632–1667) war der erste Herrscher Äthiopiens, der eine dauerhafte Hauptstadt gründete, und Fasil Ghebbi wurde als seine Residenz errichtet. Die Festungsanlage hatte eine Ringmauer, die von 12 Toren unterbrochen wurde. Innerhalb der Anlage bauten Fasilides und seine Nachfolger ihre Paläste.

Residenzschloss Ludwigsburg, Deutschland

Von 1704 bis 1733 erbaut, ist das Residenzschloss Ludwigsburg eine der größten barocken Schlossanlagen Deutschlands. Bei einem Rundgang durch die herrschaftlichen Gemächer können Besucher im Barock, der Rokokozeit und dem Klassizismus zugleich schwelgen.

Besonderes Highlight ist das Schloss-theater, das noch heute mit techni-schen und mechanischen Hilfsmitteln aus dem 18. Jahrhundert betrieben wird. Auch verschiedene Museen zu den Themen Mode, Porzellan und Kunst beherbergt das Residenzschloss. Die riesige Parkanlage, welche das Schloss umgibt, rundet das barocke Flair zusätzlich ab.

GEGENÜBERLIEGENDE SEITE

Fort Metal Cross, Dixcove, Ghana

Die Briten begannen 1692 mit dem Bau des Forts, ursprünglich unter dem Namen Dixcove Fort. Der Zweck war der Goldhandel mit Binnenregionen, was die Briten mit niederländischen Händlern konkurrieren ließ. Die örtlichen Oberhäupter unterstützten abwechselnd unterschiedliche Europäer und belagerten Fort Metal Cross mehrmals im Namen der Niederländer.

LINKS OBEN UND UNTEN

Cape Coast Castle, Ghana

Die Schwedisch-Afrikanische Gesellschaft baute 1650 Cape Coast Castle, eine der berüchtigten „Sklavenburgen" der Goldküste. Die Burg wechselte mehrmals den Besitzer – der in der Regel Profit aus dem transatlantischen Sklavenhandel schlagen wollte. Die Verliese der Burg konnten bis zu 1000 Gefangene aufnehmen, die auf die Verbringung nach Amerika warteten.

Schloss Krzyztopór, Ujazd, Polen

Krzyztopór diente nach seiner Fertigstellung im Jahr 1644 nur sehr kurze Zeit als funktionierende Festung. Schwedische Truppen besetzten die Burg während der Invasion von 1655–1657 und verursachten so viel Schaden, dass die Entscheidung getroffen wurde, sie nicht wieder aufzubauen. Dennoch lebten fast ein Jahrhundert lang mehrere polnische Adelsfamilien in Teilen der Burg. Im Jahr 1770 wurde das Schloss durch russische Truppen weiter zerstört. Heute stehen zwar noch etwa 90 Prozent der Außenmauern, aber die Gebäude befinden sich in einem ruinösen Zustand.

Festung Santa Rosa, La Asonción, Venezuela

Nach dem Angriff französischer Piraten auf die Stadt La Asunsión wurde in den Jahren 1677–1683 diese koloniale Festung erbaut, um den Zugang zur Stadt zu schützen. Santa Rosa hatte bis 1935 weiterhin eine militärische Funktion, danach wurde es zum Kriegsmuseum.

Festung San Felipe de Barajas, Cartagena, Kolumbien

Die Festung San Felipe, Lateinamerikas beeindruckendste Verteidigungsanlage, wurde 1536 begonnen und 1657 erweitert, um den Hafen von Cartagena auf dem Land- und Seeweg zu schützen. Seine Wände bilden ein komplexes Muster von Bunkern; sie und die Bastionen verstärken sich gegenseitig. Weitläufige unterirdische Tunnel unterstützen die interne Kommunikation.

GEGENÜBERLIEGENDE SEITE

Parke's Castle, Irland

Sir Roger Parke übernahm in den 1610er-Jahren die Festung und den Sitz der O'Rourkes am Ufer des Loch Gill in der Grafschaft Leitrim. Parke errichtete anstelle der früheren Burg ein befestigtes Herrenhaus, das defensive Elemente mit Komfort verband. Obwohl die Burg nicht stark genug war, um einer Armee standzuhalten, bot sie doch Schutz vor Angriffen der örtlichen Bauernschaft.

LINKS

Drumlanrig Castle, Thornhill, Schottland

Dieses 120 Zimmer umfassende Herrenhaus in Dumfriesshire wurde zwischen 1679 und 1689 aus dem lokalen rosa Sandstein errichtet und ist ein schönes Beispiel für die Architektur der Spätrenaissance. Die Türme von Drumlanrig sind nicht zur Abwehr, sondern für den schönen Schein gebaut. Das Schloss ist noch heute eine Residenz des Herzogs und der Herzogin von Buccleuch und Queensberry.

Schloss Nymphenburg, München, Deutschland

Als Kurfürst Ferdinand Maria und seine Frau Henriette Adelaide von Savoyen nach 10-jähriger Ehe 1662 endlich einen Sohn bekamen, gaben sie einen prächtigen Pavillon in Auftrag, der damals noch außerhalb Münchens lag. Erst während der Regierungszeit von Max Emanuel (1679–1726) wurde der Pavillon zu einem Schloss ausgebaut und erweitert. Hier wurde 1845 der „Märchenkönig" Ludwig II. geboren. Berühmt ist das Schloss auch für seine „Schönheitsgalerie", in der zahlreiche Bilder schöner Frauen hängen – unter anderen auch ein Bildnis der Geliebten von König Ludwig I., Lola Montez. Das Schloss mitsamt der darin untergebrachten Museen ist heute eine der beliebtesten Touristenattraktionen Münchens.

Schloss Maruševec, Kroatien

Diese schöne kroatische Burg wurde 1547 erbaut und 1618 erweitert. Es handelt sich um ein überwiegend im Renaissance-Stil errichtetes Gebäude, obwohl im 19. Jahrhundert kleine neugotische Türme hinzugefügt wurden. Von der kommunistischen Regierung Kroatiens 1945 verstaatlicht, wurde Maruševec Anfang der 2000er-Jahre an die Familie Pongratz zurückgegeben.

Schloss Trolle-Ljungby, Schweden

Eine an dieser Stelle in Südschweden befindliche Burg wurde ab 1621 umfassend umgebaut, sodass das heutige Wasserschloss im Renaissancestil entstand. Ursprünglich im Besitz dänischer Adliger, wurde es während der schwedischen Eroberung der Provinz Scania in den 1650er-Jahren angegriffen – noch heute sind an den Wänden Einschusslöcher zu sehen.

Frühneuzeitliche Periode: 1500–1750 n. Chr.

GEGENÜBERLIEGENDE SEITE OBEN

Schloss Nesvizh, Weißrussland

Das auf mittelalterlichen Fundamenten errichtete Schloss wurde von 1582 bis 1604 als Renaissance-Palast ausgebaut. 1706 plünderte eine schwedische Armee das Schloss und zerstörte die Befestigungsanlagen. Es wurde später im Barockstil renoviert. Während der Sowjetzeit wurde Nesvizh als Sanatorium genutzt.

GEGENÜBERLIEGENDE SEITE UNTEN

Kasbah Ras el-Ain, Beni Mellal, Marokko

Der marokkanische Herrscher Moulay Ismail entwickelte 1688 die Stadt Beni Mellal und baute Ras el-Ain, um eine Quelle auf dem Felsen über der Stadt zu schützen. Ras el-Ain ist aus Stein und Stampflehm erbaut. Die Kasbah befindet sich in einem ausgezeichneten Zustand und dominiert optisch die umliegende Landschaft.

OBEN UND RECHTS

Festungsstadt Mdina, Malta

Die kleine Stadt Mdina im Norden Maltas ist mindestens seit dem 11. Jahrhundert befestigt. Die Verteidigung wurde von den Maltesern verbessert, nachdem sie die Mittelmeerinsel 1530 und erneut Mitte des 17. Jahrhunderts besetzt hatten. Die Mauern wurden 1722 unter Einbeziehung barocker Elemente erneut umgebaut.

Changdeokgung-Palast, Seoul, Südkorea

Die Joseon-Dynastie baute 1392 den „Palast der glänzenden Tugend" als einen ihrer fünf großen Paläste. Das ursprüngliche Gebäude wurde bei der japanischen Invasion von 1592 zerstört und 1610 wieder aufgebaut. Der Palastkomplex besteht aus 13 Gebäuden, umgeben von einer dicken Mauer.

Die liebevolle Detailarbeit des Changdeokgung-Palastes zeugt von seiner Rolle als Hauptwohnsitz der Herrscher Koreas, von der Zeit seines Wiederaufbaus 1610 bis ca. 1900. Die weitläufigen Gärten des Palastes tragen zu einer harmonischen Atmosphäre bei.

Schloss Gripsholm, Mariefred, Schweden

An der Stelle der Burg Gripsholm stand bis 1526 ein Kartäuserkloster, das jedoch auf Befehl des protestantischen Königs zerstört wurde. Gustav Vasa ordnete den Bau einer Königsburg am gleichen Ort an. Im 16. Jahrhundert diente das Schloss als Gefängnis für schwedische Royalisten, darunter der entthronte König Eric XIV.

Das Schloss mit Blick auf den Mälarensee wurde 1773 als königliche Residenz renoviert. In einem der Türme war nun ein Theater untergebracht. In den Jahren 1889–1894 fand eine umstrittene Renovierung statt, bei der der Architekt Fredrik Liljekvist viele der Umbauten aus dem 17. und 18. Jahrhundert wieder entfernen ließ.

Schloss Johannisburg, Aschaffenburg, Deutschland

Im 12. bis 14. Jahrhundert wurde auf dem rechten Mainufer die mittelalterliche Vorgängerburg ausgebaut. Sie war die Zweitresidenz der Mainzer Kurfürsten und Erzbischöfe, bis sie im Markgräflerkrieg 1552 geplündert und zerstört wurde. 1605–1618 wurde dann das Schloss aus Rotsandstein errichtet, wobei man von der Vorgängerburg den Bergfried übernahm.

Das Residenzschloss ist eines der bedeutendsten Bauwerke der deutschen Renaissance. Das Schlossinnere wurde Ende des 18. Jahrhunderts klassizistisch umgestaltet. In der Gemäldegalerie können u.a. Gemälde von Lucas Cranach dem Älteren besichtigt werden.

LINKS

Inveraray Castle, Schottland

Die Arbeiten an dem neuen Gebäude von Inveraray Castle, das eine Burg aus dem 15. Jahrhundert ersetzte, begannen 1746. Das dritte Stockwerk und die konischen Dächer auf den Ecktürmen wurden nach einem Brand im Jahr 1877 hinzugefügt. Inveraray ist eines der frühesten Beispiele neugotischer Architektur und bis heute die Heimat der Herzöge von Argyll.

RECHTS

Belvoir Castle, Leicestershire, England

Belvoir, der Sitz der Herzöge von Rutland, wurde zwischen 1654 und 1668 erbaut, nachdem die ehemalige Burg im Bürgerkrieg zerstört worden war. Das im neugotischen Stil renovierte Schloss wurde 1816 durch einen Brand fast vollständig zerstört, aber nach dem ursprünglichen Plan wieder aufgebaut.

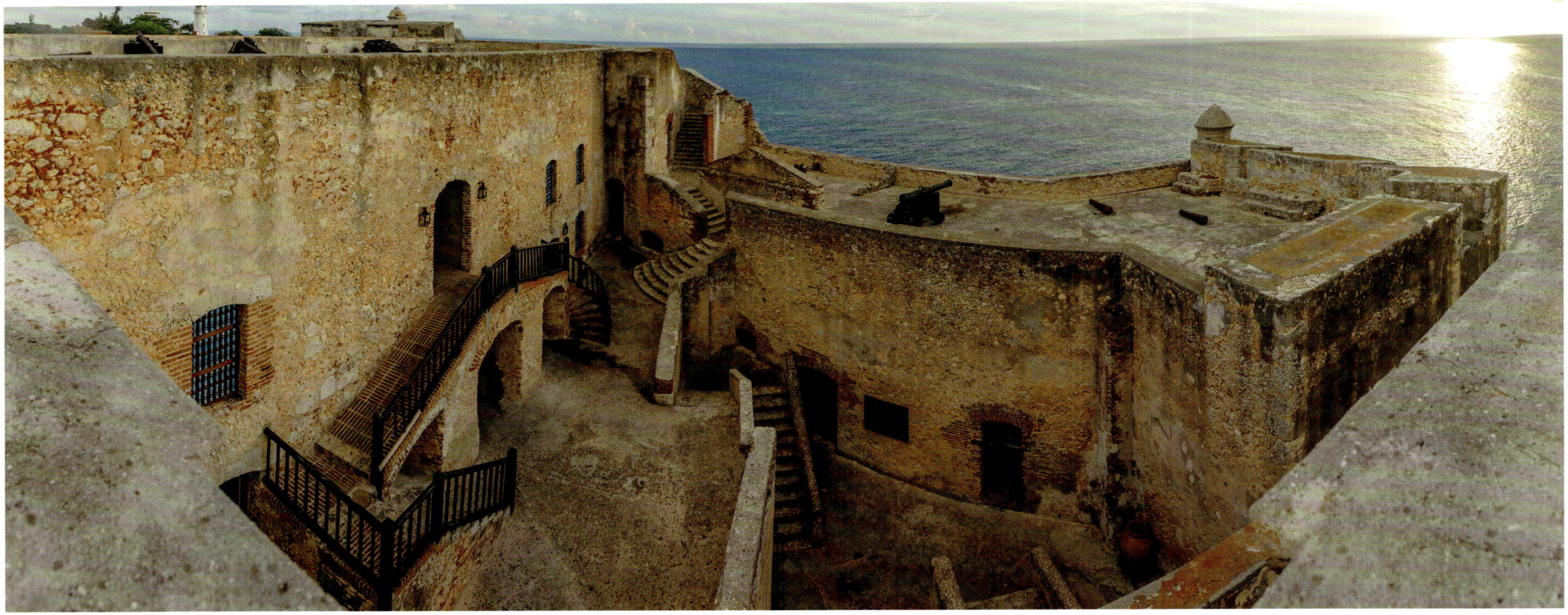

OBEN

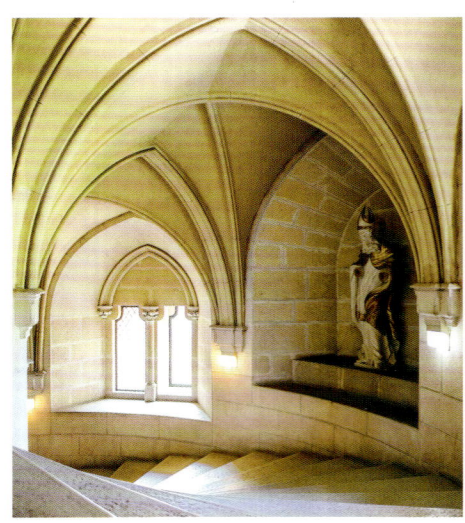

Castillo de San Pedro de la Roca, Santiago de Cuba, Kuba

Diese Festung in der Nähe der Stadt Santiago de Cuba wurde zwischen 1638 und 1700 an der Küste erbaut. Um die Burg in das steile Vorgebirge zu integrieren, mussten einige befestigte Terrassen angelegt werden. Die Festung wurde 1662 von englischen Freibeutern teilweise zerstört, noch bevor sie fertiggestellt wurde. Allerdings war das Castillo nach der endgültigen Fertigstellung stark genug, um mehrere englische und französische Angriffe abzuwehren.

RECHTS UND GEGENÜBERLIEGENDE SEITE

Schloss Bojnice, Slowakei

Obwohl die Burg Bojnice erstmals in einer Urkunde aus dem Jahr 1013 erwähnt wurde, hat sie heute wenig Ähnlichkeit mit der kleinen Holzfestung aus dem 11. Jahrhundert. Das Schloss wurde nach und nach in Stein wieder aufgebaut und im 16. Jahrhundert in ein Renaissance-Schloss umgewandelt.

Bojnice ist heute ein romantisches Märchenschloss aus dem 19. Jahrhundert, dank des Umbaus, der von 1888 bis 1910 von seinem Besitzer Graf János Ferenc Pálffy geleitet wurde. Tief beeindruckt von den französischen Schlössern des Loiretals, investierte Pálffy ein Vermögen, um das Schloss im französischen Stil umzubauen.

DIE NEUZEIT:
1750 N. CHR. BIS ZUR GEGENWART

Die meisten Menschen denken heutzutage bei dem Wort „Schloss" an eine romantische, märchenhafte Struktur, die von Rittern und Adligen bewohnt wird. Viele Männer und Frauen des 19. und 20. Jahrhunderts – ob reiche Exzentriker, Visionäre oder Opportunisten – schufen eine idealisierte, mittelalterliche Vergangenheit, indem sie eigene Burgen und schlossartige Strukturen errichten ließen. Solche Bauwerke erinnern in der Tat an Märchen und die Atmosphäre einer imaginären Vergangenheit, und es ist kaum verwunderlich, dass einige der jüngsten Liebesfilme in modernen Schlössern statt in mittelalterlichen Burgen gedreht wurden.

Doch auch im 20. Jahrhundert wurden in einigen Regionen noch Burgen für militärische Zwecke gebaut. Einige, zum Beispiel in den Vereinigten Arabischen Emiraten, sind immer noch Orte von romantischem Reiz. Man sollte aber daran denken, dass die funktionalen Stahl- und Betonbunker der Kanalinseln oder die Strenge der Maunsell Forts aus dem Zweiten Weltkrieg lediglich Erben sowohl des Namens als auch der Funktion von Burgen sind.

GEGENÜBERLIEGENDE SEITE

Castillo de Butrón, Gatika, Spanien

Das Schloss Butrón war das Hobby des wohlhabenden Marqués Francisco de Cubas, der das mittelalterliche Schloss ab 1878 fast vollständig wieder aufbaute. Die auf Zementfundamenten ruhenden Türme sind denen von bayerischen Schlössern des 19. Jahrhunderts nachempfunden. Butrón war zwar optisch atemberaubend, aber dort zu wohnen, war weniger angenehm, weshalb es schon bald nicht mehr genutzt wurde.

Festung Hwaseong, Suwon, Südkorea

König Jeongjo baute von 1794 bis 1796 die Festung Hwaseong vor allem zu Ehren seines Vaters, aber das Werk spiegelt auch Jeongjos Wunsch wider, die Hauptstadt von Seoul nach Suwon, 30 km südlich, zu verlegen. Die 5,7 km lange Mauer von Hwaseong umgibt den größten Teil des Stadtzentrums; der gesamte Komplex erforderte 700 000 Arbeitsstunden.

Die Neuzeit: 1750 n. Chr. bis zur Gegenwart

GEGENÜBERLIEGENDE SEITE
OBEN

Festung Al Bithnah, Vereinigte Arabische Emirate

Diese starke Festung, strategisch günstig am Wadi Ham gelegen, trug dazu bei, die Unabhängigkeit des Emirats Fujairah zu sichern. Es wurde wahrscheinlich Anfang des 19. Jahrhunderts erbaut, um das Gebiet vor Angriffen der Wahhabiten zu schützen, könnte aber auch bereits nach der Schlacht bei Bithnah im Jahr 1745 errichtet worden sein.

GEGENÜBERLIEGENDE SEITE
UNTEN LINKS

Festung Mezyad, Vereinigte Arabische Emirate

Die Geschichte dieser spektakulären Festung ist größtenteils ein Geheimnis. Sie wurde irgendwann im 19. Jahrhundert in der Nähe der Grenze zu Oman erbaut und könnte eine Rolle bei der Grenzsicherung gespielt haben. Ihre Größe und 40 Lagerräume deuten darauf hin, dass die Festung eine Basis für Wüstenspäher war.

GEGENÜBERLIEGENDE SEITE
UNTEN RECHTS

Le Mirage, Namib-Wüste, Namibia

Le Mirage ist ein außergewöhnliches Luxusresort in der Namib-Wüste. Es wirkt äußerlich wie eine ziemlich heruntergekommene nordafrikanische Festung, aber der geräumige Innenhof wurde als üppige Oase mit einem großen Swimmingpool gestaltet.

OBEN

Festung Al Jahili, Vereinigte Arabische Emirate

Scheich Zayed I. baute Al Jahili in den 1890er-Jahren als Sommerresidenz, aber es schützte auch die Palmenbauern der Oase Al Jahili und sicherte den Frieden unter den örtlichen Beduinen. Jede Seite der quadratischen Lehmziegelfestung misst 35 m und die Wände sind 8 m hoch.

Peckforton Castle, Cheshire, England

Peckforton wurde 1844–1850 als überraschend sorgfältige gotische Wiederbelebung einer spätmittelalterlichen Burg erbaut. Neben den üblichen Türmen involvierte der Architekt Anthony Salvin ein Fallgatter und einen Trockengraben – er ging sogar so weit, Außenfenster zu entwerfen, die kaum mehr als Schießscharten sind.

Der wohlhabende Grundbesitzer von Cheshire und der Abgeordnete John Tollemache gaben die enorme Summe von 60 000 Pfund für den Bau von Peckforton aus. Dazu gehörte sogar eine Eisenbahn, die die Steine aus dem fast zwei Kilometer entfernten Steinbruch transportieren sollte. Die Amerikanerin Evelyn Graybill kaufte 1988 Peckforton und verwandelte das Schloss in ein Hotel.

Schloss Hluboká nad Vltavou, Tschechien

Das Schloss steht über der Moldau in Südböhmen. Es befindet sich seit langem im Besitz der reichen Familie Schwarzenberg und wurde im Laufe der Jahrhunderte mehrmals umgebaut. Erstmals in der zweiten Hälfte des 13. Jahrhunderts errichtet, verdankt es seine heutige Form Johann Adolf II. von Schwarzenberg, auf dessen Befehl das Schloss im Stil von Windsor gründlich umgebaut wurde. Er entwarf auch einen großen englischen Garten um das Schloss herum.

Der letzte Schwarzenberger Besitzer von Hluboká war ein unverblümter Kritiker der Nazis und floh, als die Deutschen in die Tschechoslowakei einmarschierten; die Besatzer hatten Hluboká besetzt. Nach dem Zweiten Weltkrieg beschlagnahmte die tschechische Regierung Hluboká und es befindet sich heute nach wie vor in staatlichem Besitz.

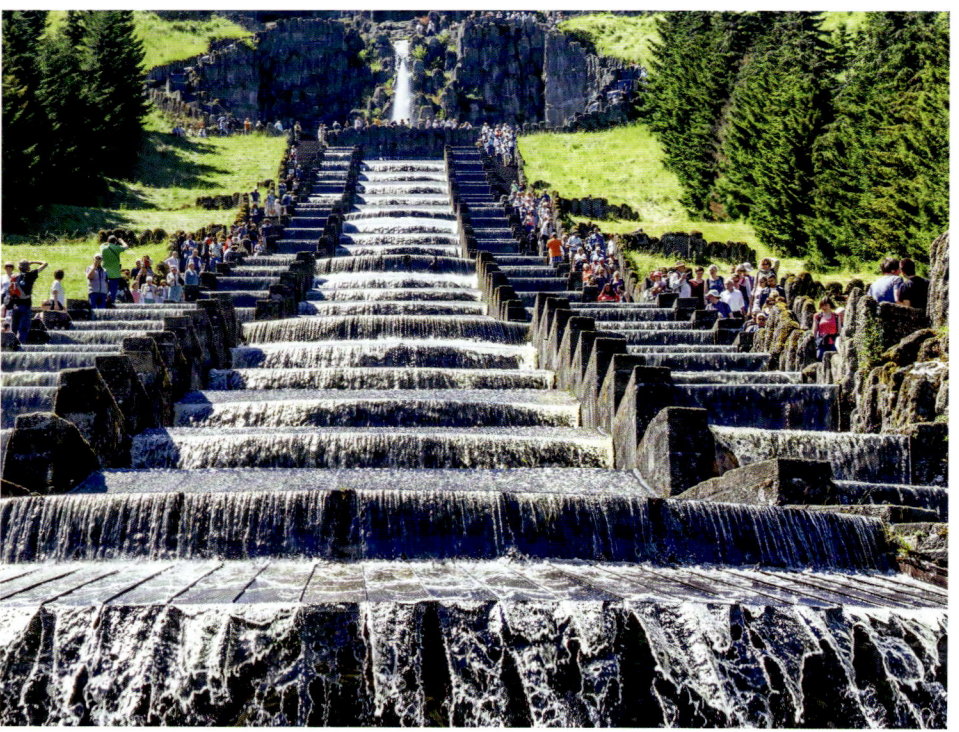

GEGENÜBERLIEGENDE SEITE

Schloss Wilhelmshöhe, Kassel, Deutschland

Im Kasseler Bergpark Wilhelmshöhe angesiedelt, thront der Schlossbau
im klassizistischen Stil über der Stadt. Ursprünglich in den Jahren von 1786
bis 1798 für Landgraf Wilhelm IX. (später Kurfürst Wilhelm I.) erbaut, genießt
das Schloss heute einen internationalen Bekanntheitsgrad als Kunstmuseum.
Dieses beherbergt unter anderem die Antikensammlung und die Gemäldegalerie Alter Meister.

Darüber hinaus wurde dem Schloss in Verbindung mit dem Bergpark
Wilhelmhöhe 2013 der Titel UNESCO-Weltkulturerbe verliehen.

OBEN

Schloss Rauischholzhausen, Deutschland

1873 gab der Industrielle Ferdinand Eduard das Schloss in Auftrag. Für die
Parkanlage im englischen Stil engagierte er sogar den Gartenarchitekten
des Frankfurter Palmengartens, Heinrich Siesmayer. „Neu Potsdam" wie
der Herrensitz ebenfalls genannt wird, ist heute die Tagungsstätte der
Justus-Liebig-Universität Gießen, die das Schloss auch verwaltet.

OBEN

Dunrobin Castle, Golspie, Schottland

Der zweite Herzog von Sutherland beauftragte den Architekten Sir Charles Barry, Dunrobin Castle zwischen 1835 und 1850 im modernen gotischen Stil wieder aufzubauen. Mit 189 Zimmern ist dies das größte Herrenhaus im nördlichen Hochland. Ein Großteil des Innenraums musste nach einem Brand im Jahr 1915 wieder aufgebaut werden.

RECHTS

Burg Vajdahunyad, Budapest, Ungarn

Ursprünglich wurde die Burg aus Pappe und Holz im Budapester Stadtpark für die Millenniumsausstellung 1896 gebaut. Sie fand solch großen Anklang, dass sie von 1904 bis 1908 in Stein aufgebaut wurde. Die Burg enthält Elemente bedeutender ungarischer Gebäude, sodass verschiedene Teile des Gebäudes im romanischen, gotischen, Renaissance- und Barockstil gehalten sind.

Pena-Palast, Portugal

An dieser Stelle im Sintra-Gebirge stand einst ein Kloster, das jedoch beim großen Erdbeben von Lissabon 1755 zerstört wurde. König Ferdinand erwarb die Ruine 1837 und beauftragte den Bergbauingenieur und Amateurarchitekten Wilhelm Ludwig von Eschwege mit dem Bau eines romantischen Schlosses. Allerdings war der Architekt nicht auf sich allein gestellt: von Eschwege musste es erdulden, dass König Ferdinand und seine Frau, Königin Maria II., in jeder Phase mit Vorschlägen eingriffen.

Der Pena-Palast wurde zwischen 1842 und 1854 erbaut und ist ein vielseitiges, aber überraschend harmonisches Gebäude. Es handelt sich zum größten Teil um ein neugotisches Bauwerk, beinhaltet aber auch islamische architektonische und dekorative Elemente. Mit der republikanischen Revolution von 1910 ging der Pena-Palast in nationales Eigentum über.

Burg Hohenzollern, Bisingen, Deutschland

Seit Anfang des 11. Jahrhunderts steht an dieser Stelle im Südwesten Deutschlands eine Burg, die der Familie Hohenzollern ihren Namen gab. Das heutige Schloss wurde 1846–1867 im Auftrag von König Friedrich Wilhelm IV. von Preußen erbaut. Es ist hauptsächlich im neugotischen Stil gehalten, enthält aber auch Elemente der französischen Schlossarchitektur.

Das dritte und letzte Schloss Hohenzollern, ein Denkmal der deutschen Romantik, war als Ort der Repräsentation gedacht und wurde von der preußischen Königsfamilie nie regelmäßig genutzt. Die Burg gehört noch immer der Familie Hohenzollern und wenn ein Familienmitglied hier residiert, wird die preußische Flagge gehisst.

Schloss Neuschwanstein, Schwangau, Deutschland

Neuschwanstein ist trotz der vielen Touristen (ca. 1,3 Millionen pro Jahr) ein magischer Ort, der die Landschaft von seinem Platz in den Voralpen im südbayerischen Alpenvorland aus dominiert. Seine Errichtung wurde von König Ludwig II. von Bayern (Regierungszeit 1864–1886) veranlasst, dessen Extravaganz bei diesem und anderen Bauvorhaben dazu führte, dass er für verrückt erklärt und abgesetzt wurde. Kurz danach ertrank er unter mysteriösen Umständen – die Autopsie entschied, dass die Todesursache Selbstmord war.

Der riesige Thronsaal des Schlosses wurde nach dem Vorbild des Gralssaals aus der Oper „Parsifal" von Wagner, dem Lieblingskomponisten des Königs, gestaltet. Der Stil ist eklektisch, mit romanischen, gotischen und byzantinischen Elementen. Die Bauarbeiten hatten 1869 begonnen und waren noch nicht beendet, als Ludwig 1886 starb. Angesichts der enormen Bauschulden öffnete der neue Regent das Schloss sehr schnell für zahlende Touristen.

Schloss Lichtenstein, Deutschland

Graf Wilhelm von Urach war ein engagierter Mittelalterforscher. Er ließ sich von Wilhelm Hauffs 1826 erschienenem Roman „Lichtenstein" dazu inspirieren, ein mittelalterliches Schloss als seine Heimat im Südwesten Deutschlands zu errichten. Das Ergebnis war das 1842 fertiggestellte Schloss Lichtenstein. Nach der Revolution von 1848 wurde das Schloss mit Vorbauten, einem Graben sowie an den Wänden montierten Kanonen verteidigungsfähig gemacht.

Kasbah Telouet, Marokko

Der Lehmziegel-Bau bröckelt allmählich, existiert aber immer noch als Denkmal für die Macht der El Glaoui-Familie. Er wurde in den 1860er-Jahren im Hohen Atlas zur Kontrolle der Karawanenroute zwischen der Sahara und Marrakesch errichtet und in der ersten Hälfte des 20. Jahrhunderts erweitert.

Die Kasbah von Telouet besteht aus einem Labyrinth von Räumen – die Empfangshallen der El Glaoui-Paschas befinden sich noch in überraschend gutem Zustand. Die El Glaouis waren praktisch unabhängige Herrscher der Region; sie bauten die Kasbah von Telouet neben den Ruinen einer früheren Festung, um ihre Macht und ihren Reichtum zu demonstrieren. Thami El Glaoui war der letzte Pascha, der die Kasbah von Telouet besetzte. Als Unterstützer der französischen Kolonialbehörden wurde er zum Verräter erklärt, als Marokko 1955 seine Unabhängigkeit erlangte. Thami verbrachte das Ende seines Lebens im Exil und die Kasbah fiel den Witterungseinflüssen zum Opfer.

GEGENÜBERLIEGENDE SEITE

Festung Mamula, Montenegro

Ein österreichischer Admiral entwarf 1853 die Festung, die 90 Prozent der Insel Mamula bedeckt. Direkt vor der Adriaküste überragt sie den Eingang zur Bucht von Boka Kotorska. Mit ihrer gedrungenen, bunkerartigen Konstruktion und den dicken Mauern ist die Festung Mamula ein gutes Beispiel für defensive Architektur im Zeitalter schwerer Kanonen. Zu Beginn des 20. Jahrhunderts wurde sie als Gefängnis für Seeleute genutzt; 1942 machte die italienische Regierung sie zu einem Konzentrationslager. Mamula war berüchtigt für Folter und Grausamkeit gegenüber Gefangenen. Trotz der Proteste der Überlebenden wurde 2016 ein Plan zur Umgestaltung der Festung in ein Luxushotel angekündigt.

Schloss Muromtsevo, Russland

Graf Vladimir Khrapovitsky besuchte Frankreich im Jahr 1880 und kehrte nach Hause zurück, um sich eine mittelalterliche Burg zu bauen. In den Jahren 1884–1889 verwirklichte er seiner Traum und schuf die einzige gotische Burg Russlands. Der prächtige 80-räumige Komplex beherbergte nach der Russischen Revolution 1917 eine forstwirtschaftliche Technikerschule, die heute jedoch nicht mehr genutzt wird.

LINKS UNTEN

Schloss Bannerman, Pollepel Island, USA

Wo könnte man Munition besser lagern als in einer Burg? Das dachte sich auch Francis Bannerman VI., der Ende des 19. Jahrhunderts ein großes Geschäft für Militärgüter betrieb. Er kaufte Pollepel Island am Hudson River und baute es zu einem sicheren Lager für Kanonen und andere Waffen um. Dieses wird mittlerweile nicht mehr genutzt.

OBEN

Schloss Solitude, Stuttgart, Deutschland

In den Jahren 1763 bis 1769 ließ sich Carl Eugen von Württemberg dieses Schloss errichten, das zunächst als einfacher Jagdsitz und Rückzugsort dienen sollte – daher auch der Name „Solitude", französisch für „Einsamkeit". Schnell waren die Ursprungspläne des Herzogs jedoch verworfen und es entstand ein originelles Lustschloss mit einem Barockgarten, Alleen und vielen Nebengebäuden, welches für offizielle Anlässe genutzt wurde. Heute ist Schloss Solitude nicht nur ein steinerner Zeitzeuge, sondern auch Bühne für vielerlei Veranstaltungen wie Ausstellungen, Lesungen oder Konzerte im einzigartigen Ambiente des 18. Jahrhunderts.

GEGENÜBERLIEGENDE SEITE

Schloss Herrenchiemsee, Deutschland

König Ludwig II. von Bayern ließ ab 1878 auf der Herreninsel das „Bayrische Versailles" errichten. Er war ein glühender Verehrer von Ludwig XIV. und wollte dessen „Tempel des Ruhms" kopieren. Der Architekt Georg Dollmann musste das französische Vorbild genauestens studieren. Allerdings starb Ludwig II. 1886, als der Bau des Schlosses noch nicht vollendet war. Obwohl er das Schloss nie der Öffentlichkeit zugänglich machen wollte, wurde es zu einem der bekanntesten und meistbesuchten Schlösser Deutschlands.

Bory-Burg, Székesfehérvár, Ungarn

Geplant von Architekt und Bildhauer Jenö Bory (1879–1959), ist diese moderne Burg fast vollständig das Werk eines einzigen Mannes. Fast 40 Sommer lang, wenn er keine akademischen Verpflichtungen hatte, baute Bory seine Burg mit nur einem oder zwei Assistenten auf und dekorierte sie mit seinen Skulpturen.

Die Burg Bory, ein einzigartiges Schloss, das vollständig aus Beton gebaut wurde, ist ein Denkmal für Jenö Borys Liebe zu seiner Frau, der Künstlerin Ilona Komocsin, deren Gemälde auch das Innere schmücken. Die Burg ist noch immer im Besitz der Familie. Diese hat eine Stiftung gegründet, die den Unterhalt der großen Burg und des Geländes mitfinanziert.

Kasteel de Haar,
Utrecht, Niederlande

Die Burganlage de Haar – ein Denkmal für den Reichtum der Rothschild-Familie – wurde 1892–1902 vom niederländischen Architekten Pierre Cuypers für Baroness Hélène de Rothschild fast vollständig im neugotischen Stil wieder aufgebaut. Der Palast mit seinen 200 Schlaf- und 30 Badezimmern bot den neuesten Luxus, einschließlich dampfbetriebener Zentralheizung.

Die älteste Erwähnung der Burg stammt aus dem Jahr 1391. Sie wurde größtenteils im späten 15. Jahrhundert niedergerissen und im 16. Jahrhundert wieder aufgebaut. Allerdings befand sich die Burg Ende des 17. Jahrhunderts in einem ruinösen Zustand. Bei der Rekonstruktion um 1900 wurden lediglich die bestehenden unteren Mauern erhalten.

Hatley Castle, Victoria, Kanada

1906 beauftragten Vizegouverneur James Dunsmuir von British Columbia und seine Ehefrau Laura diese 40-Zimmer-Villa. Sie ist weitgehend aus Beton gebaut und wurde im Neu-Tudorstil entworfen, welcher im Zeitalter Edwards II. populär war. Der große edwardianische Garten verstärkt die Wirkung der Anlage.

Hatley Castle wurde verkauft, nachdem seine ursprünglichen Besitzer gestorben waren. Im Jahr 1940 kaufte es die kanadische Regierung und nutzte es als Ausbildungort für die Marine. Während des Zweiten Weltkriegs galt es als möglicher Zufluchtsort für König George VI. und seine Familie. Letztendlich entschied sich die königliche Familie jedoch, London nicht zu verlassen. Hatley Castle beherbergt heute die Royal Roads Universität.

Hearst Castle, San Simeon, USA

Der Zeitungsmagnat William Hearst bat die Architektin Julia Morgan zunächst, einen „Bungalow" für seine Familienranch in Kalifornien zu entwerfen. Die Pläne entwickelten sich schnell; heute hat die Casa Grande (unten) im Zentrum der Schlossanlage eine Fläche von 20 880 Quadratmetern und ist einer spanischen Kirche nachempfunden.

Das Besondere an diesem Anwesen ist, dass Decken und ganze Fassaden von historischen europäischen Gebäuden in die Villa integriert wurden. Der Neptunpool beinhaltet beispielsweise die Fassade eines alten römischen Tempels (oben rechts), während eine Reihe von Gewölbedecken ursprünglich für spanische Klöster gebaut wurden (oben links).

Hearst lebte von 1919 bis 1947 in seinem Schloss. Von Franklin D. Roosevelt bis hin zu Winston Churchill, Charlie Chaplin, den Marx Brothers, Greta Garbo und Charles Lindbergh, umfasst die Liste seiner Gäste die größten Schauspieler, Unternehmer und Politiker seiner Zeit. Sie wurden in den Gästehäusern auf dem Anwesen untergebracht, bevor sie sich am Abend zu einem offiziellen Abendessen versammelten. Die Familie Hearst nutzt noch immer eines dieser Häuser als Rückzugsort.

LINKS

Schloss Schwalbennest, Ukraine

Dieses schmucke, neugotische Schloss wurde mit nur drei Schlafzimmern entworfen. Erbaut wurde es von 1911–1912 für den baltisch-deutschen Geschäftsmann Baron von Steingel. Auf einer 40 m hohen Klippe, die das Schwarze Meer überragt, liegt das Schwalbennest, das oft als Symbol der Ukraine bezeichnet wird. Heute ist es ein Restaurant.

OBEN

Felsenpalast Dar al-Hajar, Wadi Dhar, Jemen

Der Palast, der aus dem Felsen erwächst, auf dem er thront, wurde in den 1920er-Jahren für Imam Yahya Muhammad Hamidlin – den Herrscher des Jemen – errichtet. Er diente ihm als Sommerresidenz. Diese ersetzte weitgehend ein Bauwerk aus dem Jahr 1786, das wiederum frühere Wachtürme auf dem Gelände ersetzt hatte.

Schloss Hohenschwangau, Deutschland

Zum ersten Mal urkundlich erwähnt wurde hier
im 12. Jahrhundert die Burg Schwanstein, die
im Besitz der Ritter von Schwangau war. Im
Laufe der Zeit wurde die Burg mehrmals stark
beschädigt – bis der bayrische König Maximilian II. die Ruine von 1833 bis 1837 zu einem
Schloss im neugotischen Stil umbauen ließ.
Er nutzte das Schloss als Sommerresidenz für
seine Familie: Der spätere König Ludwig II.
verbrachte hier einen Großteil seiner Kindheit.

LINKS

Red Sands, Maunsell-Seefestungen, Themse-Mündung, England

Guy Maunsell entwarf Wehrtürme, um die englische Küste im Zweiten Weltkrieg zu schützen. Red Sands war von der Armee bemannt und wurde konstruiert, um feindliche Flugzeuge ausfindig zu machen und zum Absturz zu bringen.

Festungen aus dem Zweiten Weltkrieg, Guernsey

Die deutschen Befestigungen von Guernsey sind ein Denkmal für Hitlers Besessenheit zumindest ein kleines Stück britischen Bodens zu besitzen. Obwohl die Insel im Ärmelkanal keine militärische Bedeutung hatte, schufen die Deutschen während der deutschen Besetzung von 1940–1945 ein massives Verteidigungsprogramm, das Guernsey unangreifbar machen sollte. Dieses beinhaltete riesige Tunnel (einschließlich eines unterirdischen Militärkrankenhauses), Dämme, Artilleriepositionen und Überwachungstürme. Große Teile der Insel wurden außerdem vermint und mit Stacheldraht umspannt. Viele der Festungen waren auch getarnt. Die Organisation Todt, die mit dem Ausbau der Befestigung von Guernsey beauftragt war, nutzte sowohl deutsche Soldaten als auch Sklavenarbeiter (Widerständler oder Gefangene aus den besetzten Gebieten, meist Franzosen und Russen) als Arbeitskräfte.

LINKS

Burg Moussa, Libanon

Moussa Abdel Karim Al Maamari liebte das Mittelalter und träumte bereits als Junge davon, eine Burg zu bauen. Diesen Traum verfolgte er zielstrebig, eignete sich Wissen in den Bereichen Restaurierung und Museumsarbeit an und begann 1962 mit dem Bau der Burg Moussa. Er benötigte fast 50 Jahre für die Fertigstellung der Burg, da er sie nur mit seinen eigenen Händen erbaute.

GEGENÜBERLIEGENDE SEITE

Schloss Ravadinovo, Bulgarien

Das „Schloss, das den Wind liebt", so sein Spitzname, ist außergewöhnlich. Architekt Georgi Kostadinov Tumpalov begann 1996 mit dem Bau, für den er seine eigene Familie und die Dorfbewohner beschäftigte. Das riesige kreuzförmige Gebäude besteht aus Marmorkalk, der voller Mikrodiamanten ist, die ihre Farbe im Laufe des Tages ändern.

Heute ist das Schloss in Ravadinovo eine der größten Touristenattraktionen Europas. Die 20 000 Tonnen Marmorkalk, die in der Fassade verbaut wurden, und das verkupferte Dach leuchten bei Sonneneinstrahlung in den schönsten Farben. Das Schloss wird außerdem durch schöne Gärten und einen künstlichen See umgeben – ein märchenhafter Ort.

REGISTER

Erstveröffentlichung unter dem Titel:
„Castles of the World"
© Amber Books Ltd, 2019

tosa GmbH
Industriestraße 19
64407 Fränkisch-Crumbach 2019
www.tosa-verlag.de

Projektleitung: Michael Spilling
Design: Zoë Mellors
Bildrecherche: Justin Willsdon
Übersetzung, Satz und Umschlaggestaltung:
design cat GmbH

ISBN 978-3-86313-351-1